辽宁省自然科学基金：绿色云制造系统中服务组合优选技术研究（201602522）

Collaborative Process Planning and Management
Oriented to Network Manufacturing

面向网络化制造的
协同工艺设计与管理

苏莹莹 / 著

中国财经出版传媒集团
经济科学出版社
Economic Science Press

图书在版编目（CIP）数据

面向网络化制造的协同工艺设计与管理/苏莹莹著．
—北京：经济科学出版社，2016.11
ISBN 978 - 7 - 5141 - 7516 - 5

Ⅰ.①面…　Ⅱ.①苏…　Ⅲ.①计算机网络 – 应用 –
制造工业　Ⅳ.①F416.4

中国版本图书馆 CIP 数据核字（2016）第 296070 号

责任编辑：李　雪　初少磊
责任校对：隗立娜
责任印制：邱　天

面向网络化制造的协同工艺设计与管理
苏莹莹　著
经济科学出版社出版、发行　新华书店经销
社址：北京市海淀区阜成路甲 28 号　邮编：100142
总编部电话：010 - 88191217　发行部电话：010 - 88191522
网址：www. esp. com. cn
电子邮件：esp@ esp. com. cn
天猫网店：经济科学出版社旗舰店
网址：http://jjkxcbs. tmall. com
北京汉德鼎印刷有限公司印刷
三河市华玉装订厂装订
710×1000　16 开　17 印张　230000 字
2016 年 12 月第 1 版　2016 年 12 月第 1 次印刷
ISBN 978 - 7 - 5141 - 7516 - 5　定价：56.00 元
（图书出现印装问题，本社负责调换。电话：010 - 88191510）
（版权所有　侵权必究　举报电话：010 - 88191586
电子邮箱：dbts@ esp. com. cn）

前　　言

　　网络化制造模式一经提出便得到了普遍关注和迅速发展，是对传统制造模式的扬弃和创新。它为制造企业提供在互联网环境下开展生产、经营活动的理论和方法，突破了地理空间给企业生产经营所造成的障碍，已成为提高现代制造企业快速响应市场机会、更好地满足顾客需求的新型制造模式。

　　计算机支持的协同工作（Computer Supported Cooperative Work，CSCW）一直是网络化制造领域中研究的热点，它要求处于不同地域的多个用户在网络环境下分工协作、共同高效地解决复杂问题。由于 CSCW 适应了现代社会的群体性、交互性、分布性和协作性等主要特点，因此有广泛的应用领域。

　　制造企业的工艺设计是一个知识密集的、企业和团队协同工作的复杂过程，随着新的制造模式，尤其是 CSCW 模式的出现，将协同技术与工艺设计过程结合，即协同工艺设计，是企业工艺设计发展的必然趋势。协同工艺设计将充分、合理地利用大范围内的设计资源（制造资源、智力资源等），有效降低产品成本、提高产品设计质量和缩短产品设计周期。因此，研究新模式下的工艺设计方法已经成为制造企业一个亟待解决的问题。

　　本书在相关项目基金的资助下，针对离散型制造企业产品工艺设计与管理的特点，针对企业的实际特点，阐述面向网络化制造的协同工艺设计与管理技术。本书共 8 章。

　　第 1 章　网络化制造概述：介绍了网络化制造的产生背景和概

念、网络化制造的特征和核心、网络化制造的关键技术和体系结构、网络化制造的研究现状、网络化制造的主要研究方向和发展趋势。

第 2 章　协同工艺设计的基本理论：介绍了计算机支持的协同工作（CSCW）技术，现代计算机辅助工艺设计，协同工艺设计的提出、内涵和特点，企业工艺设计在协同工作方面存在的问题以及协同工艺设计的研究现状及对现状的分析。

第 3 章　协同工艺设计的流程管理：分析协同工艺设计的结构及需求；根据工艺设计中协同的要求，提出了面向工作流技术的协同工艺设计过程模型；应用随机 Petri 网对整个工艺流程建模，用 UML 图来抽象工作流系统的具体功能，并建立组织模型和数据模型，以全面地描述工艺工作流系统；最后阐述了工艺工作流管理系统的功能。

第 4 章　同步协同工艺设计的实现方法：介绍了同步协同工艺设计的体系结构，对工艺设计的同步协同过程中数据交换方法、数据通信方法、会话管理方法和控制方法进行详细的阐述。

第 5 章　协同工艺设计中虚拟团队的组建与任务分配：介绍了虚拟团队的组建和面向团队成员的任务分配方法；建立了虚拟团队组建模型，应用改进蚁群算法求解，并给出算例验证；设计了基于 Q 学习的最优行为选择策略和 Q 学习的 BP 神经网络模型与算法，并将其应用到面向团队成员的任务分配问题；最后用算例验证其有效性。

第 6 章　面向协同优化的工艺路线规划与调度集成：介绍工艺路线规划与调度集成问题，提出集成模型，分析工艺路线与调度协同优化的集成策略，给出多工艺路线的网络图表示方法，研究网络图与改进蚁群算法的融合方法，最后以具体的实例验证方法的可行性和实用性。

第 7 章　基于连接结构的装配序列规划：介绍连接结构的概念，建立基于连接结构的装配序列规划模型，把功能件、连接件封装在连接结构之内，屏蔽零件的具体特征，简化产品装配关系的表达，并应用改进蚁群算法求解，最后给出实例验证方法有效性。

第 8 章　协同工艺设计与管理原型系统构建：在理论研究的基础上，针对网络化制造模式下协同工艺设计的特点，构建协同工艺设计与管理系统，介绍平台体系结构，并分析了系统功能；在此基础上，运用 Java/JSP/Servlet/SQL server/Tomcat 等技术，以离心压缩机为依托，构建了沈阳鼓风集团有限责任公司的协同工艺设计与管理原型系统。

本书在编写过程中参考和借鉴了不少国内外的相关资料，在引用中对其做了一定的修改，在此谨向有关作者表示深深的谢意！面向网络化制造的协同工艺设计与管理技术涉及面较广，还有许多内容尚需要深入细致地研究，加之作者水平有限，书中不妥之处在所难免，敬请读者给予批评指正。

苏莹莹

2016 年 7 月于沈阳

目　　录

第 1 章

网络化制造概述

随着信息技术和计算机网络技术的迅速发展，世界经济正经历着一场深刻的革命。这场革命极大地改变着世界经济面貌，塑造了一种"新经济"，即"网络经济"。面对网络经济时代制造环境的变化，需要建立一种按市场需求驱动的、具有快速响应机制的网络化制造模式。

制造业是国民经济的基础，随着信息技术和互联网技术的飞速发展，制造技术正面临着前所未有的挑战和变革。全球化市场环境下，产品生产逐渐转为面向客户个性化需求的拉式生产，多品种、小批量的生产开始占据主导地位[1-3]。网络化制造模式正是在这种需求和技术的双轮驱动下产生的，它以网络技术为基础、以制造技术为核心、以管理技术为手段，集成和协调企业内、企业间资源，快速、高质量、低成本地为市场提供产品和服务。实施网络化制造是为了适应当前经济全球化、区域经济发展、行业经济发展和重大技术装备研发的需求，此外它也是实施敏捷制造和动态联盟的需要，网络化制造模式还是企业为了自身发展而采取的加强国际合作、参与国际竞争、开拓市场、降低成本的需要。

网络化制造是传统制造业在网络经济中必然要采取的行动，制造企业将利用 Internet 进行产品的协同设计和制造。通过 Internet，企业将与顾客直接接触，顾客将参与产品设计，或直接下订单给企业进行定制生产，企业将产品直接销售给顾客。由于 Internet 无所不在，市场全球化和制造全球化将是企业发展战略的重要组成部分。由于在 Internet 上信息传递的快捷性，并由于制造环境变化的激烈性，企业间的合作越来越频繁，企业的资源将得到更加充分和合理的利用。企业内的信息和知识将高度集成和共享，企业的管理模式将发生很大变化。因此，网络化制造将成为制造企业在 21 世纪的重要制造战略。

1.1　网络化制造的产生背景和概念

1.1.1　网络化制造的产生背景

网络化制造是在网络经济情况下产生并得到广泛应用的先进制造模式。信息技术与网络技术，特别是因特网技术的迅速发展和广泛应用，促进了网络化制造这一先进制造模式的研究和应用。[4-13]

1. 网络化制造的需求

网络化制造这种先进制造模式的产生是需求与技术双轮驱动的结果。需求是网络化制造模式产生和应用的基础。

（1）经济全球化的需要。

（2）区域经济发展的需要。

（3）行业经济发展和重大技术装备研发的需要。

（4）实施敏捷制造和动态联盟的需要。

（5）企业自身发展的需要。

①加盟国际合作、参与国际竞争的需求。

②开拓市场、降低成本的需求。

③定制化生产的需求。

2. 网络化制造的技术驱动力

网络化制造模式是在企业生产经营中心不断转变、产品设计生产管理模式日益创新、企业信息应用技术范围不断扩大、先进制造技术不断发展和应用、网络技术日益成熟的趋势下产生的，在这些先进技术和方法的支持与驱动下，网络化制造技术和系统在企业中得到了越来越广泛的应用。

随着网络技术的进一步发展，许多新的技术将不断出现，如高速网络技术、网格计算技术等，这些新技术的发展和应用将不断促进网络化制造技术的发展和应用，同时，在网络化制造技术的发展和应用过程中也会对网络技术提出许多新的需求，如网络安全问题、网络可靠性问题、网络传递速度和质量问题等，这些需求又反过来促进网络技术的研究和发展。

1.1.2　网络化制造的概念

面对制造业的重大变革、各种先进制造理念的不断涌现，网络化制造已成为先进制造领域的研究热点。随着世界制造业向中国的转移，加剧并促进了我国企业间的竞争与协作。为了支持这种竞争与协作，实施网络化制造已成为必然趋势。

网络化制造[14-20]是为应对经济全球化的挑战所提出的一种先进制造模式、思想、战略。它借助于先进的网络技术和生产、管理技术，通过企业间的协同和资源共享与集成，对涉及产品生命周期各个环节的企业活动进行统一协调管理，从而提高企业的核心竞争力。实现网络化制造的组织形式是虚拟企业即动态联盟，技术手段是构建网络化制造系统，管理方法是一系列先进管理思想如精益生产、全质量管理、企业资源计划（ERP）等。其概念如图1.1所示。

网络化制造模式是一种市场需求驱动的、具有快速响应机制的制造模式，能够极大地提高企业基于网络环境获取、融合、运用和传输信息以及共享资源的能力，增强其对外交流与合作的能力，提高企业的运作效率，为企业快速响应市场变化所需的柔性、敏捷性、可伸缩性和可重组性奠定基础。如图1.2为网络化制造的轮图，通过各种连接揭示了网络化制造的内涵。

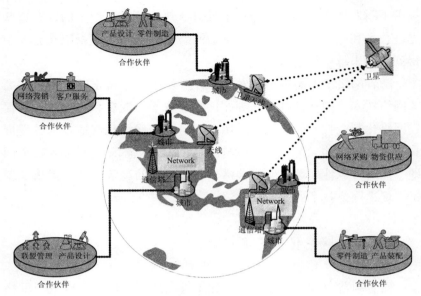

图 1.1　网络化制造的概念图

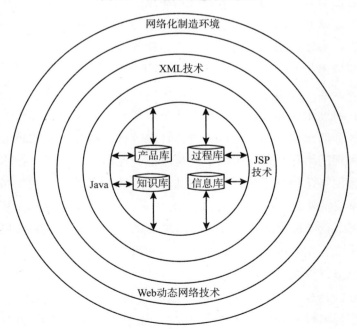

图 1.2　网络化制造环境

1.2　网络化制造的特征和核心

1.2.1　网络化制造的特征

网络化制造具有丰富的内容，它与传统制造模式的区别见表 1.1。其理论是在协同论、系统论、信息论等相关理论的基础上发展起来的，通过归纳总结，得到如下的网络化制造特征[21-23]。

表 1.1　　网络化制造模式与传统制造模式的区别

指标	传统制造模式	网络化制造模式
空间范围	小范围，只关心企业内部的生产运作，不注重企业	大范围，高度重视企业之间的合作，把企业的资源集中放在有增值能力的关键领域上，把大量业务外包
企业模式	稳定的、封闭性较强的企业结构	基于网络的、虚拟的、开放的、动态的企业结构
生产方式	大批量，少品种，预测型，集中化，是一种大批量生产方式	小批量，多品种，定制型，分散化，是一种大批量定制生产方式
产品特征	产品注重共性，注重数量，成本与数量成反比	产品注重个性，注重服务，成本与数量无关
管理模式	严格的、细化的管理；等级式组织管理；以控制与预测为主	强调知识管理、以人为中心的管理；基于网络使信息和知识得到共享，使管理透明化；建筑式组织管理以参与为主
创新模式	靠一个创新获得很长时期的垄断利润	不断创新，快速创新，并从创新中获得回报
竞争优势	企业靠规模大、批量大取胜	企业靠速度快、创新多取胜
企业与环境	企业是一个向需求已知的市场生产和销售产品的效率系统	企业是一个在未知环境中响应未知需求的适用性系统

指标	传统制造模式	网络化制造模式
价值获取方法	从数量求价值	从协作求价值
运营机制	功能化和程序化活动。由专业的计划人士进行集中计划和实施，依照预定的价值链进行一系列活动	网络和并行活动。在分享的企业中由动态的团队进行分散决策
服务模式	制造企业只管制造，不管服务	从制造业容易向服务业扩展，企业直接面向用户
与客户关系	"生产—销售"型方式：向顾客提供产品	"感知—响应"型方式：对顾客需求作出反应

（1）网络化制造是网络和计算机技术与制造技术、管理技术的结合。这些技术的结合可以有效集成企业间的优势资源，协同开展产品开发、设计、制造、销售、采购、管理等业务工作。

（2）协同性。

协同性是网络化制造区别于其他先进制造模式的主要特点之一。在网络化制造中，由于市场研究、设计、制造、维修等工作的异地化并具有一定时间段内的并行性要求，通过协同，可以使得协作企业及职能部门能够在从设计、加工、装配直到销售、售后服务的整个产品生命周期紧密配合，缩短产品开发周期，降低制造成本，缩短整个供应链的交货周期。

实现分散集中的统一、自治与协同的统一、混沌与有序的统一。网络化制造中各个参与的实体是具有独立性的，每个实体具有自己的组织体系、决策机制、运作方式和管理方法，然而在网络化制造模式下，这些实体将进行有序的协调统一，高效率地完成协同任务。

（3）数字化。

网络化制造建立于"数字化制造"之上，进一步通过网络技术使设计制造各环节的信息和知识在数字化描述的基础上得到流通和集成，从而保证了产品设计与制造周期的缩短，提高工作效率。

（4）集成性。

由于资源和决策等活动的分散性特征，要充分发挥资源的效率，就必须将分布于异地合作企业中的信息及资源高效集成，才能达到快速响应市场的目标。

（5）动态性。

网络化制造联盟是针对市场需求和机遇，针对特定产品而组建的。当市场和产品的机遇不存在时，原来的联盟自动解散，而新的市场和产品机遇则促成新的联盟的诞生。因此，其成员不像传统企业那样一成不变，而是根据市场和特定产品的变化而变化的。

（6）面向用户需求。

网络化制造是由用户需求驱动而发起组织的，其目的是提高企业的柔性，进而以低成本、高质量的形式响应市场需求。

（7）敏捷化。

敏捷化强调"市场响应速度第一"的理念，是网络化制造的核心思想之一。生产制造系统在现今面临的最大挑战是：环境的快速变化带来的不确定性；市场由卖方转为买方，市场正逐步走向全球化；技术的迅速发展带来的设备和知识的更新速度加快；产品特征由单一、标准化转变为顾客化、个性化，产品开发的生命周期明显缩短。网络化制造采用"竞争—合作"的方式提高企业对市场的快速反应能力。它通过快速组建虚拟企业，全面集成先进的柔性生产技术、多样的核心生产资源和高素质的人员，使企业能敏捷、动态地组织新产品的开发，快速响应市场需求，最终使企业在快速变化和不可预测的市场环境中赢得竞争优势。

（8）强调企业间的协作与全社会范围内的资源共享。

通过企业间的协作和资源共享，提高企业（企业群体）的产品创新能力和制造能力，实现产品设计制造的低成本和高速度。

（9）远程化。

网络化制造几乎是无限地延伸了企业的业务和运作空间，企业通过利用网络化制造系统，可以对远程的资源和过程进行控制和管理，也可以像面对本地用户一样，方便地与远在千万里之外的客户、合作伙伴、供应商进行协同工作。

1.2.2 网络化制造的核心

网络化制造是在网络经济形式下，制造企业为提高企业持续的核心竞争力提出的一种先进制造模式、思想、战略。实现网络化制造的企业组织形式是动态联盟，技术基础是构建网络化制造系统，管理方法是一系列现代管理思想，如全质量管理、精益生产、ERP等。由此可见，网络化制造这一研究领域有着丰富的研究内容，是一个复杂的人机系统，包括许多理论和技术问题，如图1.3所示。

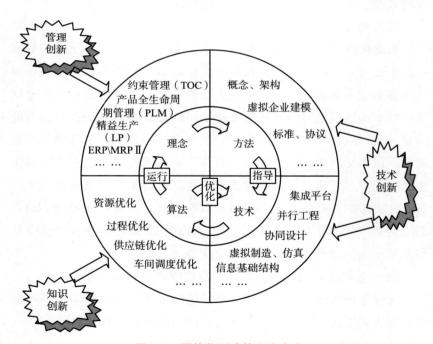

图1.3 网络化制造的研究内容

（1）理念指先进的管理思想如约束管理、"推式"生产、"拉式"生产等，这些先进管理思想对企业开展网络化制造是必须且关键的，从宏观层次解答了企业生产与管理过程中遇到的诸多问题，如企业核心竞争能力的评价以及企业间新型联盟关系的建立等。

（2）方法是指在定性阶段，将问题纳入一个正确的方向。包括网络化制造的相关概念、系统的体系结构、动态联盟的建模及标准化和协议规范制定等，从系统的角度，强调网络化制造研究中应遵循的方式方法。

（3）先进理念必然产生相关方法，在方法论的指导下，实现技术侧重于研究如何实现一个网络化制造系统。这其中包括大量基于网络的设计、制造和管理工具的研究，如集成平台、协同设计、信息基础结构、供应链管理、远程制造等内容。

（4）优化同样是网络化制造需要研究的重要内容，包括过程优化、资源优化、调度优化等方面内容。采用运筹学、数学、系统论等理论研究网络化制造模式中的优化问题，是管理和控制的目的之一。传统优化理论和各种智能方法如人工神经网络、模糊综合评价、遗传算法、蚁群算法等在解决网络化制造中的应用问题是有效的。

上述四个方面，既涵盖了网络化制造中丰富的研究内容，又从不同层面提供了解决网络化制造研究与应用这一复杂问题的思路和分析方法；围绕提高我国制造企业核心竞争力这一中心，在先进管理思想和一定的方法论的指导下，研究具体实现技术，通过优化算法，改善管理与系统的技术性能；系统的运行又提供了对管理理念内涵的深化和发展。这四方面还涵盖了技术创新、知识创新和管理创新三个范畴，意味着制造系统具有动态易变性，能够通过快速重组，集成相关资源，快速响应市场需求，而动态联盟是网络化制造中先进组织模式之一。

1.3　网络化制造的关键技术和体系结构

网络化制造技术是将网络技术和制造技术（重点是先进制造技术）相结合的所有相关技术和研究领域的总称，是经济全球化和信息革命时代的必然产物。网络化制造技术不是一项具体技术，也不是一个一成不变的单项技术，而是一个不断发展的动态技术群和动态技术系统，是在计算机网络，特别是 Internet/Intranet/Extranet 和数据库基础上的所有先进制造技术的总称。

1.3.1　网络化制造的关键技术

在信息技术的条件下，网络化制造模式将分布于世界各地的产品、设备、人员、资金、市场等企业资源有效地集成起来，采用各种类型的合作形式，建立以网络技术为基础的、以高素质员工系统为核心的敏捷制造企业运作模式，因此网络化制造环境关键技术主要有以下几种。

（1）分布式网络通讯技术。

Internet、Intranet、Web 等网络技术的发展使异地的网络信息传输、数据访问成为可能。特别是 Web 技术的实现，可以提供一种支持成本低、用户界面友好的网络访问介质，解决制造过程中用户访问困难的问题。

（2）网络数据存取、交换技术。

网络按集成分布框架体系存储数据信息，根据数据的地域分布，分别存储各地的数据备份信息，有关产品开发、设计、制造的集成信息存储在公共数据中心中，由数据中心协调统一管理，通过数据中心对各职能小组的授权实现对数据的存取。

（3）产品数据管理技术。

制造环境中包含许多超越事务管理的复杂数据模型，需要进行特定的数据管理，包含设计、加工、装配、质量控制、销售等各方面的数据。

（4）协同工作技术。

计算机支持协同工作（CSCW）是指利用计算机技术和网络技术满足人们工作中群体性、协作性的需求，实现高绩效的协同工作。CSCW 是地域分散的一个群体，借助计算机及网络技术，共同协调与协作来完成一项任务。它包括群体工作方式研究和支持群体工作的相关技术研究、应用系统的开发等部分，旨在通过建立协同工作的环境，改善人们进行信息交流的方式，消除或减少人们在时间和空间上的相互分隔的障碍，从而节省工作人员的时间和精力，提高群体工作质量和效率。其中群体可以是一个或多个单位、项目或小组。但这里特别强调的是，群体中的人们必须执行共同的任务，CSCW 系统为他们提供一个共享的工作环境和一个友好而灵活的人与人交互的界面。CSCW 共有三个要素：通信、合作与协调。其中，通信是 CSCW 的基础，分为同步通信和异步通信；合作是 CSCW 的形式，主要体现在群组工作时成员之间的协作；协调则是 CSCW 的关键，群组协作结果的好坏取决于群组成员活动的协调。

一个 CSCW 系统通常由公用工具和专用工具组成。公用工具是可支持许多领域协同工作的工具，比如用于发表、统计、评价意见的工具，帮助管理会议、工作任务的共享日历和绘图软件，等等。专用工具是用于某个专门领域的工具，比如在设计领域，有传统的 CAD 工具、群体决策支持系统等。

（5）工作流管理。

工作流所关注的问题是处理过程的自动化，它根据一系列定义的规则，把文档、信息或任务在参与者之间传递，以达到某种目的。工作流管理联盟分别给出了工作流和工作流管理系统的定义：

①工作流是一个业务过程部分或全部地用计算机自动执行；

②工作流管理系统是一个完全定义、管理和执行工作流的系统，它通过计算机表示的工作流逻辑来驱动软件有序地运行。

工作流技术提供了把业务流程逻辑从具体 IT 工具的操作中分离出来的方法，并且还可以在以后把改变的流程逻辑规则添加进去。工作流管理可以在办公环境（如保险、银行、法律、行政管理等）以及工业和制造等领域得到广泛应用。

1.3.2 网络化制造的体系结构

网络化制造可以自底至上地分为基础层、功能及工具层、应用层以及企业用户层等四个层次，如图 1.4 所示。层次不同，所提供的服务功能不同，所处的地域范围不同，数据类型及管理模式也不同。

企业、企业动态联盟										用户层
信息共享系统	资源共享系统	虚拟企业协作系统	产品协同设计系统	远程制造服务系统	工作流与项目管理	电子商务系统	供应链管理系统	客户关系管理系统	采购与产品展示	网络技术咨询服务	应用层
企业建模	CAX	协同设计	产品数据管理	网络安全服务	远程设备诊断	工作流程管理	项目管理	ERP	客户关系管理	供应链管理	工具层
接口标准、系统集成协议、技术规范、软硬件及行业标准										基础层
数据库系统（企业数据、产口数据、设备数据、知识库）										
操作系统										
网络环境										
网络化制造平台										

图 1.4 网络化制造的体系结构

其中，基础层是指网络化制造平台的底层软硬件系统，包括各种资源信息的数据库系统以及网络化制造所需的接口规范、系统集成协议、技术规范和标准等，直接影响网络化制造系统运行的效率和可靠性，是实施网络化制造的基础设施；功能及工具层为应用层提供基本服务和支撑；应用层提供对网络化制造所需的各种应用工具进行封装，向网络环境下的用户提供服务入口，使用户可以透明地访问网络化制造系统。

1.4　网络化制造的研究现状

在当前经济全球化、信息和服务网络化的大趋势下，网络化设计制造技术和系统能够较好地满足企业开展市场竞争的核心需求，因而，近年来关于网络化设计制造的研究、开发、应用得到了广泛的重视，发展非常迅速。

目前，网络化制造已成为先进制造领域的研究热点，国内外许多专家学者和企业技术人员针对网络化制造进行了较为全面的研究，为进一步深入研究网络化制造奠定了良好的基础。

1.4.1　国外网络化制造的研究现状

20 世纪 90 年代初，美国里海大学（Lehigh University）在研究和总结美国制造业的现状和潜力后，发表了具有划时代意义的"21世纪制造企业发展战略"报告，首次提出了敏捷制造和虚拟企业的概念，这一新的理论产生了巨大的影响。这方面的研究与一般学术研究相比，一个显著的特点是政府行为和企业行为的大量介入，表现在各国政府计划、企业研究和高校研究均非常活跃。[24-32]

（1）政府方面的研究。

①《美国——俄罗斯虚拟企业网（RA-VEN)》研究报告。

美国是世界上网络化制造技术水平较高的国家之一, 20 世纪 90 年代初就开始进行网络化制造技术相关的研究工作。美国国际制造企业研究所发表了《美国——俄罗斯虚拟企业网》(Russian - Ainerioan virtual enterprise network, RA - VEN) 研究报告,该项目是开发一个跨国虚拟企业网的原型,使美国制造厂商能够利用俄罗斯制造业的能力。美国 Manufacturing Engineering 杂志高级编辑 Jeanvowin 于 1998 年专门撰文论述了基于 Internet 制造的重大意义和应用情况。

②美国国家工业信息基础设施协议计划 (National Industrial Information Infrastructure Protocols, NIIIP)。

该计划主要研究企业间合作的方案,使得合作者之间消除由于不同的数据结构、不同的过程和不同的计算机环境所造成的障碍。其目标就是建立一个开放的、基于标准的软件基础构造协议来集成全美国制造业的异构的、分布式的计算环境,使得地理上分布且组织上独立的虚拟企业的组成单位就如同属于一个组织一样,协同工作、资源共享、共同完成任务。

③美国 “制造系统的敏捷基础设施网络 (Agile Infrastructure for Manufacturing System, AIMS net)”。

AIMS 项目由美国空军 Wright 实验室资助,有五个国防和民用工业单位参与。它旨在研究一个使国防和民用工业两个工业体系联合在一起,组成一个统一的敏捷制造系统的信息框架,提供一个标准的通过局部计算机网络或 Internet 获取各种敏捷制造服务的方法。AIMS 加快了国防工业和民用工业之间的转换。国防工业在开工不足时,可以承接民用生产任务;在国防工业生产紧张的时候,民用工业也可以为国防工业生产服务。

④敏捷制造使能技术研究战略计划 (TEAM)。

由美国能源部发起,代表美国各个重要领域的 40 多个大公司、大学和研究单位参与的该项目所完成的基于 Internet 的软件工具,提供了开放的信息系统,为地域分布不同的企业提供了不同工作阶段的模型，为网络化制造打下了坚实基础。

⑤下一代制造计划（NGM）。

1995 年，在美国"敏捷化论坛"（Agility Forum）、麻省理工大学的"制造先驱"计划和美国能源系统制造技术中心的主持下，实施了该研究项目，其主要目标是研究美国在 21 世纪赢得世界制造业领先地位的行动指南、方法与实现框架。该项目的主要研究内容包括动态快速响应的产品开发与相关过程的实现、敏捷的企业动态联盟和合作机制、支持产品全生命周期的知识供应链等。

⑥欧洲联盟"第五框架计划（Frame－5）"。

该计划将虚拟网络企业列入研究主题，其目标就是为联合内部的各个国家的企业提供资源服务和共享的统一基础平台，目前"第六框架计划"也已经公布并开始了研究。

⑦加拿大 NetMan 研究项目。

NetMan 项目是指由加拿大国家科学和工程委员会（NSERC）制定的"制造和工艺技术战略计划"，并受到沃尔沃（Volvo）集团资助。NetMan 项目的目标是开发一个支持敏捷制造网络的操作系统。它提供了一个网络化制造系统框架和一个协同的业务框架，支持在动态环境中敏捷制造网络的运作。根据 NetMan 组织策略，一个制造企业通过配置和激活一个由多个制造实体组成的分布式网络，动态地组织企业运作。制造实体被称为 NetMan 中心，分布式网络被称为 NetMan 网络。NetMan 中心通过 NetMan 网络进行信息交互，在双赢原则的基础上，进行协同与规划。

⑧Dragon 研究项目。

中国—欧盟科技合作项目 Dragon "基于开放网络的交互式工程门户系统的研究与开发（Development of an InteRActive EnGineering Portal for Open Networks）"，是由欧盟第五框架计划（The fifth Framework Programme）中的信息社会技术领域（IST：Information Society Technologies）与中国科技部支持的中欧科技合作项目，其目的是开发一个基于 Internet 的交互式工程入口，使企业可以通过此入口进行必要的信息交换和共享工程数据，从而实现异地企业的网络化制造全过程，包括寻找合作伙伴、评估和选择合作伙伴、建立合作关系、进行合作产品开发及产品制造等各个阶段。

⑨ "网络化韩国 21 世纪" 计划。

韩国在 1997 年爆发的亚洲金融危机中意识到：信息化程度和知识创新能力已成为信息时代评价经济强国的重要指标，并于 1999 年 3 月开始实施 "网络化韩国 21 世纪" 计划，旨在构筑知识经济时代的基本框架，提高国家的整体竞争力和国民生活水平，到 2002 年，使韩国知识经济占经济总量的比例达到经济合作与发展组织成员国的平均水平。该项目从两个方面拉动信息化建设，一是产业结构全面升级，从劳动密集型产业转向高技术高附加值的 IT 产业；二是全方位推广信息化应用。

（2）国际企业方面的研究。

同时，国外很多企业也在对网络化制造进行研究，并开发相应产品来支持网络化制造[33-36]。

美国通用电器公司项目计算机辅助制造网（computer aided manufacturing network，CAMnet）应用的目标是通过 Internet 提供多种制造支撑服务，如产品设计的可制造性、加工过程仿真及产品的试验等，使得不同企业能够通过 Internet 实时、交互地共享各种制造资源和服务。

美国 e 制造网络有限公司（e - Manufacturing Networks，Inc）将机械设备与 Internet 网络进行连接，该公司开发的软硬件一体化 Internet 网络机械设备可实现异地实时设备资源利用、供应链自动化集成、生产过程在线实时监控、远程设备诊断与维护等功能。

美国 PTC 公司的 Windchill 通过适配器的方式，凭借和数千个主要系统集成商之间的合作，几乎可以与所有的商品化设计软件进行集成，适用于广泛的分布式产品协同商务。

美国 SDRC 公司 2001 年 5 月在美国佛罗里达奥兰多推出的商品名为 SDRC TeamCenter™ 协同产品管理解决方案，TeamCenter™ 支持由异地用户和互不相容的应用系统构成的虚拟企业协同工作，企业内部和外部的价值链能够共享同一个基于 Web 的产品开发环境。

Matrixone 公司的 eMatrix 适用于概念开发、需求管理、产品设计、变更管理、测试管理、流程设计、技术著作开发和程序管理等。

美国 PTC 公司 2000 年推出了产品协同商务（CPC）的 Windchill 软件系统，希望为制造业提供通过 Internet 和 Web 技术在任何地方设计产品和任何地方制造产品的解决方案，即在 Web 技术环境下，支持产品协同规划、设计、生产制造、产品管理、客户定制以及生命周期服务等，为制造商创造出完善的产品协同商务解决方案。

美国 MDS 有限公司（Manufacturing Data System，Inc）开发的软件系统 OPEN‐CNCS.1 可实现 CNC 设备通过车间局域网或 Internet 直接与 ERP、生产计划系统或设备维护系统相集成。

Agile Software、Alventive、F‐work Technologies 和 EDS 等公司的协同商务系统，都是支持网络化制造的成熟软件产品。

（3）高校方面的研究。

在政府的支持下，国外各高校也对网络化制造做了大量研究工作[37-38]。

美国加州大学伯克利分校集成实验室的 CyberCut 项目的主要目标是开发能在 Internet 上快速进行产品设计和制造的网络化制造基础环境。该项目在调研传统 CAD/CAM 工具功能的基础上，提出采用 Java 方案和网络化开放式 CNC 控制结构相结合的方法构造基于 Web 的网络化制造 CAD/CAM 集成环境，并实现各子系统之间的信息交互和共享。该项目自 1996～2001 年连续受到美国 NSF 的资助。

麻省理工学院的 Sriam 教授等人开发了 DICE 系统，通过分布式的面向对象的数据库共享数据，它允许多个设计者并行的开展设计工作。

马里兰大学计算机集成制造实验室对支撑网络化制造的关键使

能技术，如基于 Web 的协同设计和协同制造、基于 Web 的可制造性分析、面向敏捷制造的合作伙伴优化选择、基于 Petri 网的协同制造建模等进行了研究和原型验证。

斯坦福大学联合 Locheed、EIT 及 HP 进行的 PACT 项目较为系统地研究了分布式协同设计的问题，而且把工作拓展到以互联网为基础的异地协同问题上来。

英国 Loughborough 大学 MSI 研究中心提出了 CIM – BIOSYS（CIM – Building Integrated Open Systems）、Open Framework，它针对制造企业异构、分布环境下应用系统资源进行整合，并通过接口服务的方式提供透明、一致的访问与应用的集成平台框架，同时对资源整合的统一标准也进行了较为深入的研究。

美国加州大学的圣地亚哥分校的 Tele – Manufacturing Facility（TMF）研究组和圣地亚哥 Supercomputer 研究中心正在联合进行一项基于 Internet 的自动化快速原型的研究。

1.4.2　国内网络化制造的研究现状

我国从 1994 年开始重视国外先进的网络化制造技术研究，并将其定为重点发展的科技领域之一。国内在网络化制造方面也做了大量研究工作，国家自然科学基金、国家"863"计划、国家"九五"科技攻关计划确立了相应的研究课题，取得了有益的研究成果。

（1）科技部于 1999 年 3 月将"网络化制造在精密成形与加工领域的应用与示范"课题列入"九五"国家重点科技攻关计划。

（2）西安交通大学汪应洛院士承担了国家自然科学基金重大项目"先进制造技术若干基础研究"和科技部"九五"攻关项目"分散网络化制造及管理研究"项目。在研究中，以我国制造业现状、面临的机遇和挑战为切入点，深入研究了先进制造模式的内涵、特征及其演变机理；指出先进制造模式的基本特征是快速响应市场需求和制造资源快速有效集成；首次对国际上最具代表性的 63

种先进制造模式进行了系统、科学的分析、比较和分类研究。

（3）香港理工大学李荣彬教授和同济大学张曙教授联合提出了分散化网络制造系统（DNPMS）的概念，并由重庆大学作为主研单位之一承担了国家"863"/CMIS 主题重大项目分散化网络制造系统（Dispersed Networked Production System，DNPS）。在网络化制造的系统模式、网络化制造的单元技术、网络化制造集成技术、安全技术、网络化制造平台等研究方面取得了一定的成果。项目组在此基础上进行了产品化的探索，出现了以"中国制造协作网"、东软和清华大学的"面向企业（中小）整体解决方案集成平台"等为代表的网络化制造的实际应用产品。

分散网络化制造系统项目已于 1998 年列入了国家"九五"科技攻关项目（编号为 96 – A22 – 05 – 03）。

（4）上海交通大学先进制造技术中心于 1998 年开始提供快速原型制造中心的上网服务，同济大学也与中国香港一些企业进行联网制造试验。华中理工大学杨叔子院士、吴波教授等在分布式制造基础上，提出了"基于 Agent 的网络化制造"模式和"分布式网络化制造系统（Distributed Network Manufacturing system，DNMs）"，由异构分布的制造资源基于 CORBA 技术，利用网络组成开放、跨平台、相互协作的制造系统，目标是将现有分布的制造资源通过其 Agent 连接到网络中来，以提高企业制造间信息交流与合作能力，进而实现资源共享。

（5）2002 年，浙江大学计算机系、机械系等共同承担国家"863"资助项目"浙江省块状经济区域网络化制造系统开发与应用"（项目编号 2002AA414070）。课题组历时两年，开发了绍兴网络化制造集成平台。该项目重点研究了绍兴典型区域经济的特点，提出了绍兴网络化制造平台的体系结构。NMP – SX 主要包括了供应链管理系统、客户关系管理系统、协同商务系统、产品模型展示和效果展示系统、产品协同设计系统等其他服务系统。

（6）合肥工业大学 CIMS 研究所也进行了基于多 Agent 的网络

化制造研究，王治森教授等对面向网络化制造的 Agent、coRBA 等技术进行了研究与应用，建立了面向齿轮加工的准柔性生产线，提出了智能化网络制造的模型。

（7）由西北工业大学、西安交通大学和西安理工大学承担的"863"项目"关中高新技术产业带网络化制造系统开发与应用"，以装配制造企业群和高科技中小企业群为对象开展示范应用，开发建立三类应用系统：产品创新设计支持系统、具有快速响应机制的开放式制造支持系统、网络化制造资源优化配置与服务系统。其应用服务平台主要实现应用服务系统和各类资源的集成，提供若干面向区域的专业化技术服务平台，并形成系列工具集以及相应的企业CIMS 应用服务解决方案，同时，提供企业网络化协作的过程管理工具，保障企业间协作的顺利进行。

（8）东北大学王宛山教授提出了网络化制造系统集成平台的设计构想，通过网络技术集成各种先进制造技术（CAD/CAM/CAPP/CAE/PDM、虚拟制造、敏捷制造等）、管理技术（ERP、MES、CRM、SCM 等）、网络技术（多 Agent 技术、数据通信交互技术、Java 技术、分布式数据库技术等），形成高效可扩展的网络化集成制造系统。

国内其他大学学者如清华大学范玉顺、大连理工大学贾振元、贵州大学谢庆生等也对网络化制造进行了大量的理论和应用方面的研究，取得了相应的成果。

1.5　网络化制造的主要研究方向和发展趋势

分析国内外已有的研究，可总结出网络化制造的主要研究如下。

（1）基于网络的产品设计与开发技术。

主要包括：①基于网络的产品开发动态联盟模式及决策支持技

术；②产品开发并行工程与协同设计技术；③基于网络的 CAD/
CAE/CAM/CAPP 技术及 PDM 技术；④面向用户的设计技术；⑤用
户参与的设计技术；⑥虚拟产品及网络化虚拟使用与性能评价技
术；⑦设计资源异地共享技术和产品全生命周期管理技术等。

（2）基于网络的制造系统管理和营销技术。

主要包括：①企业资源计划/联盟资源计划；②虚拟企业及企
业动态联盟技术；③敏捷供应链技术；④大规模定制生产组织技术以
及企业决策支持技术；⑤基于 Internet 的市场信息技术；⑥网络化销
售技术；⑦基于 Internet 的用户定制技术；⑧企业电子商务技术和
客户关系管理技术等。

（3）基于网络的制造过程技术。

主要包括：①基于网络的制造执行系统技术；②基于网络的制
造过程仿真及虚拟制造技术；③基于网络的快速原型与快速模具制
造技术；④设备资源的联网运行与异地共享技术；⑤基于网络的制
造过程监控技术；⑥设备故障远程诊断技术等。

（4）基于网络的支持技术。

主要包括：①网络技术和数据库技术；②网络化制造信息转换
协议技术；③网络化制造信息传输协议技术；④分布式对象计算技
术；⑤Agent 技术；⑥Web Services 技术及网格计算技术等。

（5）基于网络的系统集成技术。

主要包括：①基于网络的企业信息集成/功能集成/过程集成技
术；②企业间集成技术；③面向敏捷制造和全球制造的资源优化集
成技术；④产品生命周期全过程信息集成和功能集成技术；⑤异构
数据库集成与共享技术等。

网络化制造的发展趋势如下。

（1）网络化制造的空间范围不断发展，全球化的网络化制造系
统正在形成。

目前，网络化制造已从基于 Intranet 走向了基于 Intranet/Internet
或 Intranet/Extranet/Internet 的集成，已从企业内部走向了企业外

部，并在迅速走向全球，全球化的网络化制造系统正在形成。

（2）协同设计平台将成为网络化制造的重要技术支持工具。

由于协同设计涉及多学科领域的知识共享与协作，涉及企业的内部与外部，涉及产品生命周期的全过程，涉及大量高层次人才，涉及大量的硬件和软件，还涉及相关技术和管理，因此能与多学科领域专家协同工作、共享资源，具有多种功能的协同设计平台将成为网络化制造的技术支持工具，能有效地支持企业、区域和行业实施网络化制造。

（3）网络化制造的集成与协同功能在向深度和广度方向发展。

基于 Intranet 等企业网及其相应的信息传输和交互环境以及数据库环境可实现企业内部的信息继承和功能集成。基于 Intranet/Extranet/Internet 和数据库环境及相关技术，可实现产品开发过程的协同和企业之间的协同。

（4）网络化制造中信息交换标准协议研究的重要性日益突出。

由于网络化制造的全球化趋势正在形成，作为网络化制造中基础之一的信息交换标准协议的重要性日益突出。但是整个网络化制造标准协议规范还远远不够，并且有些标准还在讨论之中，因此网络化制造中的信息交换标准协议还需要深入研究、开发和发展。

综上所述，网络化制造涉及的技术问题多且内容复杂。在这些技术内容和技术问题中，由于网络化产品协同设计有利于快速响应市场机遇，有利于迅速组织人力、物力资源，开发出质量优、成本低的新产品，赢得市场竞争。

第2章

协同工艺设计的基本理论

2.1 计算机支持的协同工作（CSCW）

人类社会的生活方式和劳动方式具有群体性、交互性、分布性和协作性的特点，在当今信息化的时代中，人们在很多技术工作中更体现出层次性、多源性、分布性和协同性的特点。随着信息化进程的深入，科技人员从经济学、社会心理学、人类学和组织行为学等方面对群组活动进行了研究，并与通讯技术及网络技术相融合，产生了一个新的研究领域——计算机支持的协同工作。

2.1.1 CSCW 概述

计算机技术的发展把人类社会带入信息时代，随着信息化进程的深入，通信技术与计算机及其网络技术相融合，产生了一个新的研究领域——计算机支持的协同工作（Computer Supported Collaborative Work，CSCW）[39-40]，简称计算机协同工作，它是信息化进程发展的必然产物。

CSCW 首先是由 MIT 的 Irenne 和 DEC 的 Paul Cashman 在描述如

何用计算机支持不同领域和学科的人共同工作的课题中提出的，随后很多专家学者对这一理论进行了研究。尤其是在互联网发展到一定程度后，在通信、分布式系统、数据库系统、并行工程、多媒体信息处理、人机界面等取得了一系列成果，协作也从简单到复杂，从支持工作者级的小规模协作到跨企业、机构的全球范围内协作。

通过对 CSCW 的分析，CSCW 是地域分散的一个群体借助计算机及其网络技术，共同协调与协作来完成一项任务。其目标是建立协同工作的环境，改善人们进行信息交流的方式，消除或尽量减少人们在时间和空间上相互分隔的障碍，节省工作人员的时间和精力，提高工作质量和效率。

按照时间、空间概念分类，现代的 CSCW 系统可以分为四类。

（1）消息系统（Message System）。指在协同设计过程中的信报系统或者电子邮件系统。

（2）计算机会议系统（Computer Conference System）。指实时系统、多媒体会议系统（对群体成员的协同工作具有吸引力）。

（3）会议室系统（Meeting Rooms System）。支持群体成员面对面地进行系统工作和决策，包含大量显示器、计算器、终端等设备。

（4）协同写作和讨论系统（Coauthoring and Argumentation System）。支持群体工作的成员协同写作和讨论，合作生成文件。

CSCW 概念的引入，使计算机的工作方式发生了根本性转变。CSCW 作为一种群体工作和决策的新的手段，对于企业产品开发过程、组织管理、各部门的协调工作具有重要意义：

（1）各个开发人员不再受地理位置的限制，更加方便各个开发小组成员之间交流和合作；

（2）可以更好地利用各种共享资源、各个设计人员和专家的设计知识；

（3）减少产品开发的周期，进而减少产品推向市场的时间；

（4）可以更加灵活地组织开发人员、管理人员，提高设计决策过程的效率和效果；

（5）让用户在开发过程中参与设计工作，可以提高客户满意度。

由于 CSCW 适应了现代社会的群体性、交互性、分布性和协作性等主要特点，因此具有广泛的应用领域[41-43]，如军事、工业、办公自动化与信息管理系统、电子商务等。在制造业信息化领域研究较多的是计算机支持的协同设计（Computer Supported Cooperative Design，CSCD），是在计算机支持的协同环境下，由多个设计专家共同参与的，通过对复杂产品的设计过程进行重组分配后进行设计，充分利用网络资源共享设计信息进行数据交换，同步完成设计工作的设计方式。在协同设计环境下，不同的设计人员之间，不同的设计组织之间，不同的部门工作人员之间，均可实现资源共享，实时交互协同参与，合作设计，避免不必要的重复工作，从而提高产品的设计质量，缩短产品的设计开发周期，降低产品的设计开发成本，达到提高企业核心竞争力的目的。

当前 CSCW 都普遍基于 Web Service 技术。Web Service 是建立在开放的 Internet 的基础上的新的分布式计算技术。它包括 4 项关键标准和协议：XML、SOAP、WSDL 和 UDDI XML 是数据访问领域的最新技术，可以方便地实现制造系统的数据标准化，解决当前制造系统集成瓶颈。SOAP 是简单对象访问协议，WSDL 是 Web 服务描述语言，UDDI 是统一描述发现和集成。其中 SOAP 和 WSDL 都是在 XML 基础之上封装的。因此，XML 技术在 CAPP 系统中也是一项基础技术。CSCW 的体系结构如图 2.1 所示。

该体系结构可分为应用子系统、信息共享平台、协同工作平台、协作管理平台和网络传输平台 5 大组成部分。因此，一个基于 Web Service 的 CSCW 系统是在网络传输服务的支持下，通过基本的信息共享和协同工作手段，在协作管理的调度下为协同式工作而建立的应用系统。

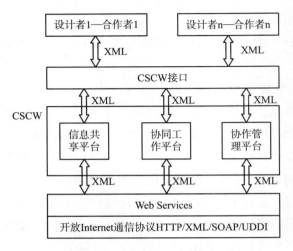

图 2.1　CSCW 的体系结构

2.1.2　CSCW 的发展背景

计算机技术的发展把人类社会带入了信息化时代，CSCW 的形成和发展则是信息化进程发展的必然产物。

（1）人类社会是一个紧密协作的群体。人类社会是一个群体社会，特别是在当今信息化社会中，更能够体现出人们的活动方式具有群体性（Collective）、交互性（lnteractive）、分布性（Distributed）和协作性（Cooperative）的特点。CSCW 技术和系统的发展正是适应了信息社会中人们工作方式的上述特点，因此被认为是未来社会中广泛采用的技术。

（2）计算机技术推动社会的信息化。计算机技术的发展给人类生活带来了巨大的变化，计算机的应用领域已经从科学计算领域发展到社会生活的各个方面，把人们带入了信息时代。计算机处理的信息已不仅仅是大型的科学计算，还包括人们熟悉的各种数据以及文字、图形、图像、音频和视频等多媒体信息。这些发展使得计算机深入到了人们生活的方方面面，使人类进入了信息时代。

（3）计算机网络技术是 CSCW 的基础。计算机网络指地域上分散的具有独立自治功能的计算机系统通过通信设施互连的集合体，完成信息交换、资源共享、分布式计算等功能，高速、远程通信网络技术缩小了时空的限制。而计算机互连、互操作和协同工作构成的网络计算和协同计算是实现 CSCW 的基础，迅速发展的 Internet 已使人们初步感受到了全球范围"协同工作"得以实现的可能。

（4）系统工程需要 CSCW 的支持。CSCW 的发展将为系统工程提供一整套的方法和技术支持。系统工程广泛渗透到社会生活的各个领域。它将包括设计、建立、管理这些系统工程的所有各个方面。所有的系统工程都由其隶属的互相联系或互相依存的群体事物所构成，具有集合性、层次性、交互性、目的性、协同性等特征。信息是群体事物相互之间的纽带。这正是 CSCW 的应用领域，也是协同概念在信息化时代的新发展。

2.1.3　CSCW 的应用领域

CSCW 的研究范围是广义的"协同工作"，研究手段是广义的"计算机支持"，因此 CSCW 的应用领域相当宽广。凡是在计算机及网络环境下，涉及信息共享和群体协同工作的领域都可属于 CSCW 的范畴。

（1）工业应用。

正在工业界取得引人注目成果的 CIMS 技术，比较侧重于在计算机间的协同和集成。新兴的被称为 CIMS 的高级阶段的"并行工程"，强调通过人的协同来系统集成、并行设计及相关过程的系统方法。"工作组"是并行工程的一个核心概念，工作组内成员的协同工作对并行工程的成败是至关重要的。并行工程强调团体协作（Teamwork），而对团体协作的技术支持正是 CSCW 的应用领域。

（2）协同计算机辅助设计。

在分布式网络环境支持下，设计小组进行协同计算机辅助设计，将能提高设计效率、缩短周期、降低成本，进行远程协同设计将具有更大的吸引力。

（3）办公自动化（OA）和管理信息系统（MIS）的新发展。

传统的 OA 和 MIS 一般只能管理和处理数据、文字信息。如果与多媒体技术结合，增加处理图形、图像、动画、视频和音频等信息，并且在通信网络环境支持下，进行协同工作和决策，这就大大扩展了 OA 和 MIS 系统的功能和应用领域。

（4）医疗应用。

面向医疗的 CSCW 系统研究和开发，将使计算机化就诊，特别是远程专家会诊成为现实，具有更大吸引力。危重病人能及时得到抢救，边远地区的病人也能获得同城市一样的医疗条件。

（5）远程教育。

远程教育是计算机辅助教育的一个重要发展方向。它提供一种新型的教学和授课方法：学生、教师和专家之间协作式学习、授课；可从联机"教学式图书馆"中获取信息；甚至可不离开教室而到博物馆和展览会进行"虚拟的"现场参观；在"虚拟现实"中接受教育。

（6）合作科学研究。

现代科学研究越来越复杂和学科之间的相互交叉，令许多科学家都深感到开发所谓"协作体"的必要，这是一种"无墙"的研究中心。在其间，各学科研究人员不论其地理位置分布如何，都可在计算机和计算机网络环境的支持下，共同从事其研究：与同事们相互交流、使用仪器、共享数据资源、在数字式图书馆中存取信息、共同写出研究报告等。

（7）军事应用。

各种类型的军事指挥自动化系统、各种级别的参谋会议系统等。它们可能是远程会议系统，也可以是本地会议系统或会议室系统。例如，美军所提出的战略上的国防信息基础设施（DII）和战术上的三军指挥自动化系统（C^4I）发展计划，可以说是 CSCW 概念在信息化战争策略上应用的体现。

（8）电子商务与商业、贸易、金融的应用。

电子商务是通过计算机网络以电子方式进行的商务活动，通过计算机网络处理商务参与各方的协调和协作，这是 CSCW 在商业、贸易、金融等领域中的典型应用。

（9）各级政府部门的协调和决策支持。

正在迅速发展可扩大应用的 Intranet/Extranet 技术和 CSCW 技术会在政府办公和企业管理中发挥重大作用。电子政务将成为一种未来的政府办公的重要手段。

2.2　现代计算机辅助工艺设计

人类社会已进入信息时代，知识经济是信息社会的经济形态。制造业的强盛与否是衡量一个国家经济实力的重要指标。以信息化带动工业化，IT 技术和通信技术的迅速发展极大地扩展了制造业的深度与广度，推动了制造技术的发展与创新。随着经济全球化、一体化格局的初步形成，如何更为广泛地利用全球资源，提高对市场的快速响应能力，已成为制造企业的重要策略。

计算机辅助工艺设计（Computer Aided Process Planning，CAPP)[44-47]是先进制造技术的核心技术之一，是实现计算机集成制造系统、并行工程乃至敏捷制造、虚拟制造的重要基础性技术。CAPP 负责确定产品制造过程以及产品制造所需的制造资源、制造时间等，是连接产品设计与制造的桥梁，并对产品质量和制造成本以及对市场的快速响应能力具有极为重要的影响。

近年来，CAPP 技术的应用正在逐步体现现代先进制造思想，向以产品数据为核心、工艺设计与工艺管理一体化的制造工艺信息系统，即现代计算机辅助工艺设计系统方向发展。

2.2.1　CAPP 技术发展回顾

20 世纪 60 年代末，人们开始了计算机辅助工艺过程设计的研究与开发。早期主要是派生式 CAPP，最早的 CAPP 系统是挪威工业公司于 1969 年开发的 AUTOPROS 系统。

在 CAPP 发展史上具有里程碑意义的是设在美国的国际性组织 CAM – I 于 1976 年开发的 CAPP（CAM – I's Automated Process Planning）系统。该系统标志着 CAPP 深入研究与实践的开始。

国内最早开发的 CAPP 系统是同济大学的 TOJICAP 系统和西北工业大学的 CAOS 系统，其完成的时间都在 20 世纪 80 年代初。此后，CAPP 代表计算机辅助工艺设计得到了学术界和企业界的广泛认同，对 CAPP 的研究与应用也逐步得到了普遍重视。

从 20 世纪 80 年代起，在 CAPP 的研究中开始引入人工智能和专家系统技术。就本质而言，工艺过程设计是一个典型的复杂智能推理过程，是经验性很强且随外界环境影响而多变的一系列复合决策过程。由此可见，工艺过程设计的主要问题不是数值计算，而是对工艺信息和工艺知识的处理。这一点正是人工智能和专家系统的特长，所以，人工智能和专家系统技术在 CAPP 领域的应用为 CAPP 的研究与开发带来了勃勃生机，并成为 80 年代 CAPP 研究的主流方向。

20 世纪 90 年代初至今，随着信息技术、集成技术、软件开发技术、网络通讯技术等日新月异的发展，以及各种先进制造技术思想的不断涌现，CAPP 的研究与应用也进入了一个全新时期。CAPP 的研究者们围绕着 CAPP 的集成化、智能化、并行化、网络化、工具化、工程化、实用化、商品化等方向展开了一系列卓有成效的研究，提出了许多新的思想、概念和方法。在这些研究的基础上，开发出了一些新型的 CAPP 系统，其中少数达到了商品化，在许多制造企业得到应用。

2.2.2　现代计算机辅助工艺设计

近年来，在网络通信技术以及先进制造技术发展的带动下，人们对 CAPP 概念的理解已经完全突破了其字面含义，CAPP 系统的规模、复杂性和适用范围也空前地膨胀了起来，CAPP 的研究和应用由此也进入了一个新的历史阶段。现代 CAPP 系统与传统 CAPP 系统的对比分析如下。

传统 CAPP：

- 基于自动化思想的修订/创成式 CAPP 系统

系统开发周期长、费用高、难度大；工艺人员难以掌握系统的使用；系统功能和应用范围有限，缺乏适应生产环境变化的灵活性和适用性，难以推广应用。

- 基于计算机辅助的实用化 CAPP 系统

片面强调工艺设计的"所见即所得"，完全以文档为核心，忽视企业信息化中产品工艺数据的重要性，存在难以保证产品工艺数据准确性、一致性和进行工艺信息集成的致命问题。

现代 CAPP：

- 面向企业信息化的制造工艺信息系统

以产品工艺数据为中心的集工艺设计与信息管理为一体的交互式计算机应用系统，并逐步集成检索、修订、创成等多工艺决策混合技术及多项人工智能技术，实现人机混合智能（Human-machine Hybrid Intelligence）和人、技术与管理的集成，逐步和部分实现工艺设计与管理的自动化，从设计和管理等多方面提高工艺人员的工作效率，并能在应用中不断积累工艺设计人员的经验，不断提高系统的智能和适应性，逐步满足产品制造全球化、网络化和虚拟企业分布式协同工作的需求。

根据敏捷制造思想，现代计算机辅助工艺设计理论与方法应包括以下功能：

- 分布式工艺决策、柔性动态和快速简易的工艺规划理论及其专家系统；
- 支持制造资源动态重组和优化配置的工艺设计理论与应用系统，实现加工过程局部仿真；
- 网络环境中的 CAPP 系统开发平台；
- 敏捷、动态、多方案输出的并行式工艺设计系统；
- 面向产品的广义工艺设计及其集成。

所以，在新的形势下，现代计算机辅助工艺设计需要能够适应敏捷制造新模式的信息管理策略。

2.2.3　计算机辅助工艺设计信息化进程

计算机辅助工艺设计是伴随着制造业信息化进程而不断发展完善的。纵观近 30 年来制造业的信息化进程，可分为以下四个阶段。

（1）功能自动化阶段。

20 世纪 70 年代电子技术和计算机技术的发展为生产领域的自动化提供了可能，使得以计算机为辅助工具的单项制造功能的自动化技术成为可行，由此出现了计算机辅助设计（CAD）、计算机辅助工艺设计（CAPP）、计算机辅助制造（CAM）以及物料管理计划（MRP）等自动化系统。

（2）信息集成阶段。

80 年代针对设计、制造和生产管理中存在的自动化孤岛问题，出现了计算机集成制造（CIM）技术，致力于解决各个制造自动化系统之间的信息共享与交换，形成了一系列主要以接口方式和数据库方式共享的信息集成系统。如 CAD/CAPP/CAM 集成系统、CAPP与制造资源计划（MRPII）之间集成接口等。

（3）过程优化阶段。

90 年代初企业以生产过程为中心，在信息集成的基础上，努力实现过程集成，通过对生产过程进行优化，协同多个相关的应用以实现更高层次的系统功能目标。如并行工程（CE）思想，在产品设计时考虑下游工作中的可制造性、可装配性，重组设计过程，提高产品开发能力；经营过程重构（BPR）思想，通过简化和集成来调整企业经营，使之达到过程的整体优化。相应地，出现了工作流管理（WFM）、产品数据管理（PDM）等支持技术。

（4）敏捷化阶段。

90 年代后期，随着互联网的飞速发展，企业组织方式朝着网络化协作的方向发展，使以满足全球化市场用户需求为核心的快速响应制造活动成为可能，企业不再局限于内部的集成，而考虑与外部的集成，更强调知识的获取与共享。因此，敏捷制造（AM）、虚拟制造（VM）和大规模定制（MC）等新制造模式应运而生。相应地，产品全生命周期管理（PLM）、知识管理（KM）、计算机支持的协同工作（CSCW）等技术成为热点。

随着制造业信息化的不断发展，现代工艺设计应用环境发生了很大变化，需要运用新技术指导现代 CAPP 系统的开发。

2.2.4 计算机辅助工艺设计发展趋势

虽然 CAPP 系统在企业中得到了较好的应用和推广，但在很大程度上还需要进一步的发展和完善。为了满足企业及未来的发展要求，已经呈现出以下几个方面的发展趋势。

（1）CAPP 系统的体系结构。

系统的体系结构反映了系统的研发理念和主导思想。随着 CAPP 本身和企业信息化技术的不断发展，CAPP 的体系结构将具有以下特点。

● Client/Server（C/S）模式与 Browser/Server（B/S）模式相结合

随着企业信息化工程的不断深入，企业对工艺管理越来越重视，它要求产品设计、工艺设计、生产管理和加工制造等多个环节或部门能够协同工作和实现信息共享，进而实现资源的优化配置和利用。但是，目前大多数 CAPP 系统仍然采用单机模式或 C/S 模式，不能实现跨平台的数据共享、信息集成和过程集成。针对以上问题，采用 B/S 系统模式实现工艺信息、过程的管理与控制就成为了 CAPP 系统结构发展和研究的方向之一。

● 广泛采用组件技术、自向对象技术、数据库技术和知识库技术的层次化结构

企业工艺工作情况各种各样、生产环境千差万别、工艺技术标准各不相同，为了适应这种复杂多变的情况，快速定制形成企业实用化的 CAPP 系统，现代 CAPP 应该广泛采用组件技术、对象处理技术及数据库技术，使得数据层/对象层、对象操作层、事务处理层、功能层严格分离，实现应用服务器、数据服务器、文件服务器的独立，实现 CAPP 系统的组件化，保证系统的开放性和可扩充性。

（2）CAPP 系统的功能。

随着先进制造技术的发展，企业对 CAPP 的功能提出了更高的要求，不仅要满足编制工艺规程、按一定的格式输出工艺卡片等传统要求，还要求其功能向工艺管理、多模式工艺设计、支持工艺设计的工作流管理、支持制造资源管理、支持工艺知识管理以及系统管理等方向发展。

（3）工艺设计方式。

工艺设计按其生成方式可分为变异式、创成式和综合式，这些方法各有优点和局限。由于工艺设计环境和任务的复杂性与多样性，不能片面地强调 CAPP 的智能化或自动化，而忽略工艺人员在工艺设计中的作用，否则，将造成 CAPP 系统与实际应用的严重脱节。为此，工艺设计方式呈现出以下一些发展趋势。

● 基于知识的综合智能化工艺设计方法，该方法的指导思想是充分发挥计算机和工艺人员的特长，综合运用交互式、检索式以及智能决策等工艺设计模式，最大限度地提高工艺设计效率和质

量，保证工艺信息的完整性和一致性，增强系统的集成性。

　　●　在知识有效管理和广泛共享的基础上，为了让不同工艺部门、人员之间进行协同工艺决策，使工艺经验和知识发挥更大作用，更好地进行工艺优化，减少技术部门之间的重复的、低水平的协调，缩短工艺准备周期，基于知识的协同设计也将成为现代 CAPP 的一个发展趋势。

　　●　由于工艺设计过程涉及企业及其行业的相关技术成果、工艺案例、工艺标准、材料信息、性能及热表处理、工具工装、工艺技术等相关知识，工艺人员在工艺编制过程中若能得到这些知识的快速响应支持，企业工艺创新能力将会大大增强，而以前基于知识的综合智能化工艺设计技术研究仅局限于对现有直接知识的处理和利用，缺乏相关知识和技术资料的管理和应用。因此，基于知识的工艺创新设计平台的研究开发将是现代 CAPP 的又一重要发展方向。

　　（4）系统的集成性、并行性。

　　信息反映企业生产经营运作的状态，信息的质量影响决策质量，信息共享的程度影响企业资源与企业知识的利用程度，信息的传递速度影响企业运作的节奏和效率。工艺信息是制造工程数据的源头和重要组成部分，是 CAD/CAPP/CAM，CAD/PDM/CAPP/ERP 等集成的关键环节，工艺信息数字化及集成共享是提高工作效率、缩短技术准备周期的关键技术。在并行工程思想的指导下，实现 CAPP 和其他信息单元系统的全面集成，进一步发挥 CAPP 在整个生产活动中的中枢作用，将成为现代 CAPP 研究的一个重要方向。产品数据交换标准 STEP 及可扩展标记语言 XML 的发展和应用，也促进了现代 CAPP 的集成性和并行性研究。

2.3　协同工艺设计的主要内容

　　协同工艺设计是 CSCW（Computer Supported Cooperative Work，

计算机支持的协同工作）思想在工艺设计领域的应用，它通过计算机、网络以及协同工具，为工艺工作人员提供一个协同工作的环境，并提供工艺设计过程中的管理功能。下面在提出协同工艺设计概念的基础上，对其内涵、特点以及其研究现状归纳如下。

2.3.1　协同工艺设计的提出

工艺设计是联结设计和制造的桥梁，并与生产管理等密切相关，工艺设计中存在着大量的协同工作。在网络化制造环境下，由于组织日益分散化和国际化，工艺设计团队成员往往在地理上是分散的，因此支持多用户协同控制的工艺设计系统已经成为迫切的需要。

网络化协同工艺设计是在计算机技术支持的网络环境中，由一个群体协同工作完成一项设计任务。协同工艺设计继承发展了并行设计的基本思想，借助于迅速发展的计算机技术和网络技术，构成了"计算机支持下的网络化协同工艺设计"。信息技术的进步，特别是计算机技术和通讯技术的突飞猛进，由两者的融合而产生的计算机网络技术及其应用的发展，给协同工艺设计的研究及应用提供了更强有力的支持。它是计算机支持的协同工作在工艺设计领域的应用[48-50]，是对并行工程、敏捷制造等先进制造模式在工艺设计领域的进一步深化。协同工艺设计的目的是为了实现不同领域、不同层次人员对信息和资源的共享，协调处理各种耦合、冲突和竞争，完成跨领域、跨时空的协作，以满足变化多端的市场的需求。它通过对复杂产品工艺设计过程的重组、建模优化，建立协同工艺设计开发流程，并利用 CAD/CAM/CAPP、PDM、虚拟设计等集成技术与工具，系统地进行产品开发。它不但可以体现面向用户的工艺设计、面向制造的工艺设计、面向装配的工艺设计等工艺设计技术，而且还可以体现现代管理技术。

把 CSCW 技术应用到工艺设计的过程中，使参与工艺设计的多个技术人员能够克服距离、时间和异种计算机设备等阻碍，对提高零件特别是复杂零件的工艺设计质量和设计速度是一种有效手段。因此，协同工艺设计是 CSCW 思想在工艺设计领域的重要应用。

制造企业的工艺设计是一个知识密集的、企业和团队协同工作的复杂过程，将协同技术与工艺设计过程结合，即协同工艺设计，是企业工艺设计发展的必然趋势。工艺设计过程的协同将充分、合理地利用大范围内的设计资源（制造资源、智力资源等），有效降低产品成本、提高产品设计质量和缩短产品设计周期。

2.3.2　协同工艺设计的内涵

协同工艺设计继承了 CSCW 的基本思想，它体现了工艺设计与CSCW 技术的融合。协同工艺设计是一个网络化制造环境下企业和团队并行协同工作的产品工艺设计过程，并对工艺设计过程数据进行管理的复杂活动过程。

协同工艺设计的目标是通过在网络平台上建立一个具有交互性、分布性和协作性的人机交互工作环境来协助多个地理上分散的工艺设计人员对产品工艺进行共同设计，并能够实现对工艺设计的整个流程进行有效的控制与管理，满足制造企业对工艺信息化的需要。

协同工艺设计的团队是企业为了完成特定的工艺设计与管理任务而组成的。团队的成员是来自联盟企业中与工艺设计及管理工作相关的各个部门。团队成员间信息共享、互相配合、技能互补、责任共担、绩效共享。

协同工艺设计从不同的角度分析，内涵如下。

（1）从协同工艺设计的交互方式来看，协同成员之间的协同工作有同步方式和异步方式两种。在同步方式中，协同各成员在同一时间进行同一工艺任务的协作。在异步方式中，协作各成员在不同时间进行同一工艺任务的协作。本章中的协同工艺设计支持同步和异步两种方式。

（2）从协作的任务对象来看，协作又分成单任务协同和多任务协同。单任务协同是指针对同一工艺设计任务，进行同步或异步的协同设计，如图 2.2 所示。多任务协同是指将复杂任务细化，各子任务并行协同完成，如图 2.3 所示。

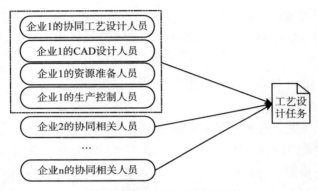

图 2.2　单任务协同工艺设计

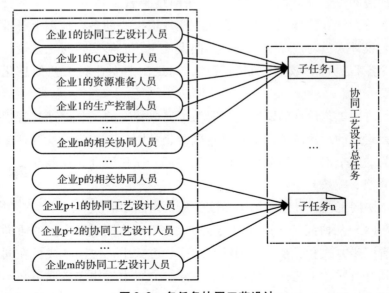

图 2.3　多任务协同工艺设计

多任务协同,通过合作伙伴选择、工艺任务分配可以实现对多工艺任务的并行设计。

(3)从协作成员的地理位置来看,协同工艺设计又分成同地协同和异地或远程协同,本书中协同工艺设计主要是异地协同。

(4)从协同的层次来看,工艺设计中的协同工作包括局部协同和整体协同两个部分。系统局部协同主要是为工艺设计人员之间提供协同工作环境,方便工艺人员进行协同工艺设计、协同工艺管理等。整体协同主要是提供一个协同工作平台,以便与 CAD 产品设计人员协同对产品工艺可行性做出评价,与标准件供应部门沟通标准件的准备情况,与生产组织与控制人员协同决策产品工艺方案在生产调度中的可行性。

由于协同工艺设计至今还没有一个权威的定义,在本研究中结合协同设计的内涵认为协同工艺设计的含义是:为完成某一工艺设计目标,由两个或两个以上的主体(或专家小组),通过一定的信息交换和相互协同机制,在一个具有群体性、分布性和协作性的人机网络工作环境中共同完成这一设计目标。

2.3.3 协同工艺设计的特点

协同工艺设计是 CSCW 思想在工艺设计领域的应用,它通过计算机、网络以及协同工具,为工艺设计及相关协同人员提供一个协同工作的环境。围绕着 CSCW 和工艺设计的特点,总结出协同工艺设计具有以下特点:

(1)分布性。

在协同工作模式下,工艺设计是由异地多学科人员协同完成的,在协同工艺设计的过程中,协同人员可能位于相同的地方,也可能位于不同的地方。这就要求协同工艺设计环境应构建在广域网络上。

(2)协作性。

产品工艺设计涉及多领域、多人员的参与,但由于不同工艺设计人员之间的背景、偏好等都不尽相同，为了获得满足要求的工艺设计结果，就需要协同人员之间进行密切的协同工作。

（3）并行性。

在协同工艺设计环境下，工艺信息的处理不再是先后发生的，而是在同一时间内同步进行的，如在产品设计过程中，工艺人员可以对产品模型进行可制造性评价，向设计人员反馈评价结果或修改建议；在工艺设计过程中，生产人员可以通过检查加工方法的合理性，向工艺人员反馈意见。

（4）动态性。

工艺人员的组织结构、制造资源的使用情况等是动态的，为了保证协同工艺设计的顺利进行，协同人员需要方便及时地了解各方面的动态信息。

在设计过程中的动态还表现在协同小组成员安排、设计进度、协作请求的动态变化，因此协同工艺设计管理系统应能实现柔性的调整，以适应不同层次上的动态变化过程。

（5）复杂性。

数据的复杂性主要体现在以下两个方面。

①数据结构的复杂性。工艺数据除了结构化数据外，还有图形、文字、表格等非结构化数据，而且在整个协同工艺设计过程中，数量不断增大，类型也不断地增多，并且要不断补充。

②数据联系复杂。在数据元素之间存在着复杂的联系，如一对一，一对多和多对多等，例如设备与加工工序之间是一对多的联系，工装与零件工艺之间是多对多的联系。

2.4　企业工艺设计在协同工作方面存在的问题

工艺设计是企业设计活动中关键的一环，它关系着设计出的产品能否成功加工出来，关系着加工产品的质量等，对公司经济效益有着直接的联系。而工艺设计是一个复杂、多解的问题，要综合考虑材料、设备、人员、生产条件等各方面信息，不同条件下产生的工艺方案存在很大差异，并对经验有很强的依赖。

在工艺设计的过程中协同工作是广泛存在的，协同在工艺设计中占有重要的地位。一个产品的工艺设计往往不是个人能够完成的，需要各专业人员协同工作，工艺设计人员与产品设计人员进行工艺性审查的协同工作；为了使设计出的工艺文件符合实际的加工条件，工艺人员需要与设计、生产、设备管理、计划调度等部门人员协同工作。

目前企业应用的 CAPP 系统大多数没有考虑工艺设计中的协同因素，缺乏对协同工作的组织、控制和协调。导致企业中缺乏计算机支持的协同工作环境，相应协同工作的开展基本都是采用传统的方式，存在着以下不足之处：

（1）缺少对协同工艺设计的全面支持。

工艺设计是由许多不同性质的子任务组成，如产品结构工艺性审查、工艺方案设计、工艺设计、校对、审核、批准、设计工艺路线或车间分工明细表等。工艺设计涉及多个部门和人员，如计划处、生产处、工艺处、设备处等。工艺设计活动是一种比较烦琐的活动，需要多方的协同，这就要求系统提供对协同工艺设计的全方位支持。

然而目前采用电话还有当面交流的方式，都是人和人之间的直接交互，在时间和空间上都会受到限制，可能造成协同交流过程不通畅。在实际的工艺设计过程中，正是因为交流不通畅，工艺人员对于诸如加工设备、工装夹具等的选择，往往根据经验进行选取，这就很难保证工艺文件的实时性。

（2）CAPP 功能的局限性。

CAPP 自从诞生之日起，其研究目标主要就针对工艺设计领域，并不涉及工艺管理领域，工艺设计和工艺管理是企业工艺工作的重要组成部分，并且80%的工作量与工艺管理有关，工艺工作的局部计算机化并不能带来整体工作效率的提高。

（3）CAPP 研究与开发的目标片面性。

长期以来，CAPP 开发人员的目标一直是开发完全代替工艺人员的自动化工艺系统，而不是辅助系统，过分强调了工艺决策的自动化，忽视了人在工艺设计和决策中的主导地位。这也导致了开发费用高、难度大、使用人员难以参与等缺陷。

因此，在网络化制造模式下，研究面向企业的计算机辅助工艺设计的协同工作模式和方法，在工艺设计系统中增加工艺过程管理功能，实现工艺设计和工艺管理的集成，对于缩短企业的产品开发周期、降低产品成本、提高产品质量具有十分重要的理论和现实意义。

2.5　协同工艺设计的研究现状及分析

基于 CSCW 的协同工艺设计已经成为计算机支持的协同工作的一个重要研究领域。

协同工艺设计是指设计者采用群体方式共同工作，使参与工艺设计的多个技术人员能够克服距离、时间和异种计算机设备等阻碍，对提高零件特别是复杂零件的工艺设计质量和设计速度是一种有效手段，从而最大限度地缩短工艺设计周期，提高生产效率，体现并符合信息时代的工作特征。

协同工艺设计是一个企业和团队协同工作的面向产品全生命周期的设计过程，这个过程一般包括产品工艺方案、工艺路线规划、材料定额、工时定额、工艺设计、统计汇总、工艺发布和工艺更改等几个步骤。

2.5.1　协同工艺设计的研究现状

目前，网络和数据库技术都已经发展得比较成熟，此外计算机支持的协同工作得到了广泛研究，并取得了一些实用化的成果，在协同领域有广泛应用。协同技术在设计领域的应用为协同工艺设计的具体实现提供了技术基础。在企业的需求和技术成熟的共同促进下，近几年来有学者对协同工艺设计等相关内容进行了研究。

（1）协同工艺设计的国外研究现状。

目前，网络及数据库技术也都已经发展得比较成熟，此外计算机支持的协同工作得到了广泛研究，并取得了一些实用化的成果，尤其是在协同设计领域，以上技术为协同工艺设计的具体实现提供了技术基础。在企业需求变化和相关技术成熟的共同促进下，国外很多学者对协同工艺设计进行了研究[51-58]。

美国学者 M. Hatch 提出了"并行优化（CO）"的方法以便于在 CAPP 设计中实现并行工程思想。麻省理工学院的 G. Van Zeir 教授在回顾了 CAPP 系统的发展历程后，提出 CAPP 的发展严重滞后于 CIMS 其他子系统的发展，成为制造资源集成的瓶颈问题。他还建议 CAPP 系统设计中应吸纳协同设计、过程管理等新的设计理念。

欧盟组织了 ESPRIT 项目，Jan Kempenaers、Jos Pinte 和 J. P. Kruth 等人研发了 COMPLAN 原型系统。它是一个协同的工艺设计和工艺路线选择系统。该系统把工艺设计、生产调度和车间分为三个部分，在协同工艺设计的时候，工艺路线选择模块就把产品约束情况及时地反馈，车间也把实际的情况反馈给工艺设计模块，可以在工艺设计时就对生产的实际情况做出分析和评估。同时，车间也把情况反馈给工艺路线选择模块，在进行工艺路线选择的时候，也能考虑到车间的实际。该系统利用 NLPPs 思想实现了工艺路线选择子模块，有效地提高了车间的生产率。

英国剑桥大学提出了将工艺设计和知识管理结合起来的思想；英格兰大学提出了计算机辅助概念设计在工程中的应用。

（2）协同工艺设计的国内研究现状。

随着并行设计、过程管理、协同设计、工作流管理等先进理念的不断涌现，传统 CAPP 系统必须吸纳新的设计要素，才能更好地适应企业的发展。国内的许多大学和科研单位也作了很多研究[59-66]。

　　清华大学博士生导师王先逵教授提出在 Internet/Intranet 技术广泛应用于制造业的今天，如何在网络环境下进行分布式工艺设计，加强工艺设计过程数据的管理，便成为一个重要的研究课题。同时，还提出工艺设计过程管理的基本任务是在一定的生产条件下，应用现代管理科学理论，对各项工艺任务进行计划、组织和控制，使之按一定的原则、程序和方法协调有效地进行。

　　东南大学的易红教授提出互联网作为信息传递与共享的主要载体，为解决企业在分布式设计和制造环境下的信息交流问题提供了强有力的支持。对实施基于 Web 的 CAPP 技术服务中心所涉及的关键支撑技术、功能模块和体系结构进行了研究，在此基础上建立了基于 Web 的 CAPP 技术服务中心——SR2CAPP 原型系统。

　　西北工业大学的黄乃康教授针对网络化产品协同设计的特点和多种应用需求，提出了多模式协同设计的思想，定义了几种典型的协同设计模式。基于 XML 和 VRML 技术，建立了支持网络化协同设计信息集成、过程集成和知识集成的集成模型。

　　哈尔滨工业大学 CAD/CAM 研究所的陈彦海为了对计算机辅助设计/计算机辅助工艺规划并行设计过程进行有效的管理、规划、协调、控制，借鉴工作流管理思想，建立了支持计算机辅助设计/计算机辅助工艺规划并行的工作流模型。采用广义随机 Petri 网建立了计算机辅助设计/计算机辅助工艺规划并行设计的工作流过程模型，并给出其便于计算机处理的抽象模型，以它为核心，连同并行设计过程任务/活动模型、组织模型、数据模型组成完整的计算机辅助设计/计算机辅助工艺规划并行过程工作流模型，给出了其运行控制模式。

　　华中理工大学提出基于 Web 的 CAPP 系统开发理论，论述了以产品结构树为核心的 CAPP 系统体系结构、用户化工艺文件信息模型、基于 Web 的 CAPP 与 PDM 之间的关系、CAPP 与 MRP/ERP 之间的信息集成和面向产品或 BOM 的工艺设计方法等。

大连理工大学的 TWCAPP 以产品结构为核心、完全基于数据库的形式组织工艺编辑，从自组织的 BOM 中获取产品和零件信息，BOM 提供完整的导入导出接口。

天津大学的黄艳群提出异地分布的企业和部门要求现代 CAPP 是一个多用户、多任务、分布、并行协同的工作环境，而多智能体技术作为支持该系统环境的重要研究和实现手段，其关键点及难点是使各智能体协同工作。并在充分研究多智能体协作模型的基础上，采用基于黑板结构的协作机制，分析了分布式 CAPP 中智能体的协作运算过程，从而使 CAPP 中异工种规划单元之间达到并行协作的目的。

山东大学的姜兆亮对动态企业联盟组织模式进行研究，建立了相应模型。四川大学的周丹晨针对联盟企业之间的资源共享和协同进行研究，提出资源共享服务平台的技术方案。

清华大学的马海波、熊光楞等针对协同环境中的设计冲突问题，提出了冲突的集成方案。张为民等设计了一个基于协同的动态 CAPP 系统原型，用 PDM 系统将工艺设计活动集成，实现相关事务的触发。

武汉开目软件开发公司的 KMCAPP 是国家"863"CIMS 主题目标产品。提出工具化、实用化、集成化、智能化的协同工艺设计与工艺管理软件设计思想，一定程度上实现了基于知识的工艺决策，拥有基于数据库的大型工艺集成管理系统，拥有较强的兼容复杂数据表格功能，有良好的 PDM、CAD、ERP 集成接口。

2.5.2　协同工艺设计研究现状的分析

综合上述研究，通过对协同工艺设计研究现状的分析，得出目前在这一方面的研究上存在着以下的特点。

（1）就应用范围来讲，目前研究的协同 CAPP 系统大多是针对网络化制造以及敏捷制造的应用背景，研究的重点在于联盟企业的各工艺系统间的协同技术，以及制造资源的动态组织。然而对于面向企业工艺设计过程，为了实现企业的设计、工艺、生产、管理等部门的沟通与交流的协同工艺设计系统的研究比较少。

（2）对于协同框架和协同技术方面的研究，多是针对协同的一个方面，而没有从协同工艺系统的整体方面考虑，而 CSCW 的研究正是为了解决这一问题。因此，如何利用 CSCW 的思想，构建基于协同平台的工艺设计系统，实现对工艺设计全方位的支持，是协同工艺设计研究的一个重要方向。

综上所述，协同工艺设计系统的设计将在计算机技术、网络技术、通信技术等技术的推动下，不断吸纳工作流管理并行设计、协同设计、过程管理的设计管理元素，克服传统 CAPP 中设计形式单一、缺乏对过程数据的有效管理、应用领域狭窄和团队设计支持不足的缺点，为制造资源有效的无缝集成提供保障。因此，研究协同技术在工艺设计系统上的应用，使其支持不同部门、不同地域的人员在协同环境下共同工作，对工艺设计过程提供全方位的支持与管理已成为 CAPP 的发展趋势。

第3章

协同工艺设计的流程管理

随着计算机支持的协同工作技术（CSCW）的发展，将其应用到工艺设计的过程中，使参与工艺设计的人员能够克服距离、时间和异种计算机设备等阻碍，对提高零件特别是复杂零件的工艺设计质量和速度都具有重要的意义。

工作流技术是一种协作技术，是计算机支持的协同工作的一个重要分支，在组织管理和流程优化方面具有强大的优势。由于企业工艺设计工作的复杂性，把工作流技术结合进工艺设计工作的流程管理中，将实现对工艺设计流程的有效控制和管理，满足企业工艺信息化的要求。

本章在分析了协同技术与工艺设计的结合——协同工艺设计的相关原理的基础上，将协同技术的重要组成部分——工作流技术应用到工艺设计的过程管理中，建立了工艺工作流模型，并实现了工艺工作流系统的相关功能；对工艺设计过程的同步协同进行了研究，对协同过程中的数据交换方法、数据通信方法、会话管理及过程的协同控制方法进行详细的探讨，并给出相应的解决策略，最后分析了工艺协同设计的流程。

3.1 协同工艺设计的结构及需求分析

制造企业的工艺设计是一个知识密集的、企业和团队协同工作的复杂过程，将协同技术与工艺设计过程结合，即协同工艺设计，是企业工艺设计发展的必然趋势。工艺设计过程的协同将充分、合理地利用大范围内的设计资源（制造资源、智力资源等），有效降低产品成本、提高产品设计质量和缩短产品设计周期。本节在确定协同工艺设计结构的基础上，对其需求进行分析，以确定系统功能，更好地满足企业的应用需求。

3.1.1 协同工艺设计的结构

工艺工作是企业工作的核心环节之一，随着现代制造技术的飞速发展和先进设计手段的出现，传统的工艺工作方式难以满足要求。从系统论的观点来看，企业的工艺工作是一个复杂的系统工程，它是一个团队协作的过程，从其本身的工作范畴来说，它不仅包括工艺设计，还包含工艺信息管理和工艺的工作流管理。

协同工艺设计不仅包括工艺人员对分配的任务进行工艺设计、工艺审核、工艺标准化和工艺会签等过程，还包括与设计部门、生产准备部门和生产部门的协同设计，协同工艺设计结构如图 3.1 所示。

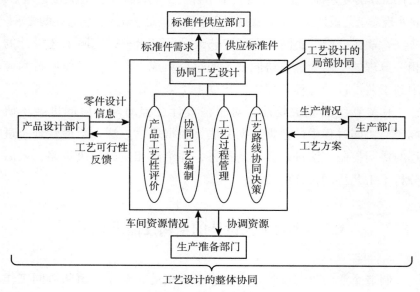

图 3.1　协同工艺设计结构

企业的工艺工作是一个复杂的过程，它是一个团队协作的过程，从其本身的工作范畴来说，它不仅包括工艺设计，还包含工艺信息管理和工艺的工作流管理。根据计算机支持的协同系统工作模式，并参照并行工作的理念，计算机支持的协同工艺设计从宏观上来划分，可以分为系统局部协同和整体协同两个层次。

（1）系统局部协同。

系统局部协同是指协同工艺设计系统自身的协同。企业的工艺设计是一个知识密集、企业和团队协同工作的复杂过程，传统意义上的工艺设计系统仅完成了工艺设计活动，并没有完整地涉及企业工艺技术部门的所有工艺工作，尤其是大量动态烦琐的管理工作。同时，工艺设计过程中的校对、审核、标准化、会签等工作过程仍然采用的是传统手工传递纸质文件的工作模式。

随着市场竞争的加剧和客户需求的多样化，现代产品越来越复杂，由此带来组成产品的某些零件结构复杂、技术要求高、制造过程繁杂。对于此种类型的复杂零件，在传统单人单机版的 CAPP 系统中，仅依靠某个人的能力来对一些涉及多个技术领域的零件进行工艺设计，显得有点力不从心，有必要组织来自不同领域、不同部门甚至不同企业的工程技术人员共同进行复杂产品的工艺设计。

零件的工艺设计往往被分解成诸如工艺装备设计、机械加工工艺设计、装配工艺设计、热处理工艺设计、表面处理工艺设计等并行协同展开的子过程。这些子过程共享企业的制造资源库，它们之间既有协同，也有冲突。对不同子过程之间的并行协同设计过程进行管理也是提高工艺设计效率和工艺质量的关键因素。

因此，协同工艺设计系统的局部协同主要是为工艺设计人员之间提供协同工作环境，方便工艺人员进行协同工艺设计、协同工艺管理等。由于现代企业的产品呈多品种、小批量的发展模式，功能也越来越复杂，仅仅依靠某个工艺人员，很难设计出比较合理的工艺规程。为此，工艺设计系统的局部协同需要满足部门内部、部门之间甚至是企业之间的不同工艺设计人员或与工艺设计流程相关的工艺工作人员之间的协同设计过程。同时，负责管理工艺设计过程的全过程，使其实现工艺工作流程的自动运转。

（2）系统整体协同。

系统整体协同是协同工艺设计系统与产品设计部门、标准件供应部门、生产准备部门和生产部门的协同。根据并行工程的理念，产品设计人员在一开始就要考虑到从概念设计到产品更新的整个生命周期的所有因素，从而提高企业的综合竞争力。因此，协同工艺设计系统的整体协同内容如下。

在与设计部门的协同中，工艺设计人员与产品设计人员通过交流产品设计信息和工艺性审查修改意见，为产品设计阶段提供工艺可行性反馈信息，也使工艺设计及早加入产品制造的周期，消除产品设计中的工艺不合理性。

与生产准备部门的协同表现为在工艺设计的过程中，工艺人员需要向生产准备部门查询原材料、设备等信息。

在与标准件供应部门协同时，工艺人员可以查询标准件的相关信息，了解标准件的库存情况，利用标准件供应部门的信息反馈，能够及时地调整工艺设计方案，减少返工次数，提高工艺设计的效率。

与生产部门的协同使得工艺人员和生产人员之间通过一定的信息交换和相互协同机制，与生产部门协调，了解实际生产情况，使设计的工艺文件与之适应，并对生产调度方案可行性做出反馈。

3.1.2　协同工艺设计的需求分析

协同工艺设计的任务是在满足基本工艺设计功能的基础上，通过提供合适的协同工具或协同途径，使工艺设计中的协同工作得以实施。工艺设计中协同工作是以信息与数据交流的形式进行的，所以协同工艺设计任务的具体实现形式就是协同信息与数据的交流。为了实现上述协同任务，协同工艺设计系统应有以下功能。

（1）提供工艺设计的基本功能。

协同工艺设计系统应能提供支持企业各种工艺类型（机加、热处理、焊接、钣金、冲压、表面处理等）、各部门的工艺设计工作的综合智能化工艺设计方法，实现工艺设计的快速化、智能化、规范化、多样化，优化工艺设计。

（2）提供计算机支持的协同工作环境。

工艺设计过程中存在大量的协同工作，为了实现对协同工作的支持，需要建立一个具有群体性、交互性、分布性和协作性的人机网络工作环境，来协助多个地理上分散的工艺设计团队成员对产品工艺进行共同设计。综合利用网络通信技术、多媒体技术、分布式计算技术，实现工艺设计中多系统、全过程的协作。

（3）提供灵活的工艺过程管理。

协同工艺设计系统对各项工艺任务进行计划、组织和控制，使之按一定的原则、程序和方法协调有效地进行。协同工艺设计的过程管理要充分考虑协同的因素，通过合理的过程建模、过程管理与控制来保证协同工作流程的畅通。

（4）提供协同数据管理。

在协同工艺设计过程中，多个协同人员之间需要传输数据；同时由于协同工作的原因，可能有多人对同一工艺数据进行修改。因此，协同数据管理需要通过数据传输途径建立、访问控制等手段，保证协同数据的一致性、可交流性等，实现对协同数据的有效管理。

3.2　面向工作流技术的协同工艺设计流程管理

企业对工艺设计的要求已不再是单纯的工艺卡片的设计，而是一个集任务管理、工艺设计、审批及会签管理、文档管理等功能于一体的复杂设计和管理体系。将工作流技术应用到工艺设计的过程

中，实施工艺工作流的过程管理，满足了企业在工艺过程管理方面
的需求。

3.2.1　工作流技术

　　工作流技术自出现以来就得到广泛的重视和应用，特别是在制
造业领域。本节以工作流基本原理为基础，分析用工作流技术实现
协同工艺设计过程管理的优势，探讨在工艺设计系统中引入工作流
管理的必要性。

　　工作流（Workflow）的概念是为了提高工作效率而提出的，它
能通过先进的电子通信和网络技术，使得企业中并行任务的执行过
程线性化。工作流技术为企业更好地实现过程的组织管理与流程优
化提供了先进的手段，在制造业中获得了越来越广泛的应用[67-70]。

　　工作流技术是 20 世纪 90 年代初在国际上形成的一种新技术。
一个工作流包括一组活动以及它们之间的顺序关系、过程及活动的
启动和终止条件，以及对每个活动的描述，它通过将业务活动分解
成定义良好的任务、角色、规则和过程来完成执行和监控，达到提
高生产组织水平和工作效率的目的。

　　（1）工作流的概念。

　　定义 3.1：工作流

　　工作流管理联盟（Workflow Management Coalition，WfMC）将工
作流定义为：业务流程的全部或部分自动化，在此过程中，文档、
信息或者任务按照一定的过程规则流程，实现组织成员间的协调工
作，以期达到业务的整体目标。

　　WfMC 提出的工作流参考模型如图 3.2 所示，主要由工作流运
行控制服务（Workflow Enactment Service）和围绕它的外部接口
组成。

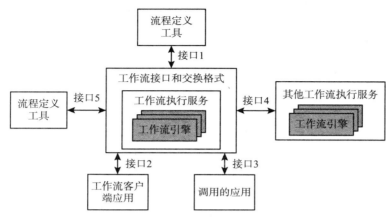

图 3.2　工作流参考模型

工作流运行控制服务是由工作流引擎组成的软件服务，用于创建、管理和执行工作流实例。它为过程和活动实例提供运行环境，解释并使部分或整个过程定义处于激活状态，通过接口与处理各活动所需的外部资源进行交互。

工作流引擎（Workflow Engine）是业务过程的任务调度器，为工作流实例的执行提供运行环境。在工作流过程建立完毕后，将由工作流执行服务进行全面管理、监控和调度具体的实例执行，包括过程的实例化和执行、为过程和活动进行调度、与外部资源交互、处理相关数据等。工作流引擎是整个工作流执行系统的核心，主要包括以下功能：

①解释工作流过程定义；

②创建、激活、暂停、终止工作流实例、活动实例；

③在工作流过程活动之间"导航"，包括串行或并行操作、最终限期调度、工作流相关数据解释等；

④特定参与者的登录与注销；

⑤维护工作流控制数据和相关数据，将工作流相关数据从应用程序或用户端传送到其他应用程序或用户；

⑥支持调用外部应用和连接任何工作流相关数据的接口；

⑦监视活动，以实现控制、管理和核查。

被调应用程序：指工作流执行服务在实例的运行过程中调用的。

（2）工作流系统的功能。

根据上述工作流管理联盟提出的工作流的参考模型，工作流管理系统的功能主要包括三个方面。

①工作流程设计功能。

提供一种对实际业务过程进行分析、建模的手段，并生成业务过程的可被计算机处理的形式化描述（即过程定义）。这也就是建立 WfMS 时功能的主要内容。过程定义工具与工作流执行服务之间的交互是通过接口（工作流过程定义读/写接口）完成的，它为工作流过程定义信息的交换提供了标准的互换格式及 API 调用。

利用工作流建模工具完成过程模型的建立，将企业的实际经营过程转化为计算机可处理的工作流模型，即过程定义（Process Definition，或工作流模型定义）。

②工作流运行和控制功能。

工作流使能部件（或称工作流服务器、引擎、执行部件等）解析工作流过程模型，创建和控制工作流实例，调度过程执行中的相应活动步，分配合适的人力和应用程序资源，完成工作流的自动执行和控制。使能部件起到现实世界中的工作过程和过程定义形成的模型间的连接作用，并将控制结果反映到与人和应用系统的交互上。使能部件是 WfMS 的核心部件，根据实际的需要，可以分布在不同的地点和平台上。

③同用户和应用的交互功能。

用户通过客户端部件和使能部件进行交互，客户端部件维护一个称为"工作列表"的数据结构，即工作流任务管理器，接收使能部件发来的工作项（即活动的最小单元），并根据用户处理工作项的进度及时向使能部件汇报工作项状态。

由上述分析得到工作流系统的基本结构如图 3.3 所示。

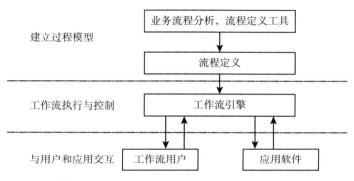

图 3.3　工作流系统基本结构

（3）工作流管理系统。

工作流管理系统（Workflow Management System，WfMS）是通过软件管理和执行工作流的通用系统。其中软件的运行顺序取决于计算机中所存储的工作流逻辑。

根据工作流过程本身的特点、系统建模的方式、所使用的底层支撑技术以及工作流过程的执行方式等的不同，可以将具有工作流管理功能的商品化软件产品及原型系统分类如下：

①结构化的与即席的 WfMS。

结构化 WfMS 指的是在实际工作过程中会反复出现、严格按照某个固定的步骤进行的业务过程。此种工作流所需要的各种类型的信息可以通过对业务过程进行详细的分析而得到完整的过程定义，并在以后的应用过程中反复使用。大量的办公程序，如公文处理、审批等都属此类。

即席 WfMS 则是针对那些重复性不是很强或没有重复性的工作流程的，关于这类流程执行所需的有关参数（如参加者等）事先无法确定，而必须推迟到过程实例运行时才能确定，同时在执行过程中间还可能会发生一些意外的情况。这种动态多变的特点在提供更高灵活性的同时，也为过程的建模与执行带来更多的复杂性。

②面向文档的与面向过程的 WfMS。

面向文档的 WfMS 侧重点在于将电子形式的文档、图像等在有关人员之间进行分发，以便能够得到不同人的处理与审阅。

在面向过程的 WfMS 中，工作流被描述成一系列执行环节。与各环节相应都有待处理的数据对象。各环节的数据对象可以按不同的方式分发到其他环节中去，如可以将数据对象的值作为控制条件，或者依此数据对象组装成其他的数据对象等。高端的 WfMS 一般都属此类系统。

③基于邮件的和基于数据库的 WfMS。

基于邮件的 WfMS 使用电子邮件来完成过程实例执行过程中消息的传递、数据的分发与事件的通知。低端的系统所使用的经常就是此种方法，它可以充分发挥电子邮件系统在广域环境下的数据分发功能，但整个系统将运行于一种松散耦合的模式下。在基于数据库的 WfMS 中，所有的数据都保存在某种类型的数据库管理系统中，过程的执行实际上就是对这些数据的查询与处理。高端的大规模系统所使用的一般都是此种方法。

④任务推动的与目标拉动的 WfMS。

任务推动 WfMS 指的是从过程的开始一个环节一个环节逐步地执行，当某个活动实例被处理完之后，后续的有关活动将被创建并被激活，由此直至整个工作流程的完成。这是目前大多数面向过程的 WfMS 所使用的执行方式。而在目标拉动的 WfMS 中，一个业务流程被看成一个目标。过程实例执行时，该目标将被分解成相互之间按一定约束条件关联起来的多个可执行环节，其中各环节还可以被当成子目标而进一步分解。在各环节均执行完毕之后，整个过程也就完成。目标拉动是一种全新的执行方式，下一代的 WfMS 将具有此种特征。

3.2.2　工作流技术实现协同工艺设计过程管理的必要性

通过对协同工艺设计的过程分析可知，工艺设计中的协同工作是由来自不同领域、不同部门甚至不同企业的工程技术人员共同进行产品工艺设计的复杂、动态的过程。基于工作流的特点，用工作流技术实现协同工艺设计过程管理的优势体现在以下几个方面。

（1）通过对工艺工作流模型的修改实现对系统功能的修改，从而实现对整个协同工艺设计过程进行自动化的管理；通过工作流技术可以将不同的任务活动都集合在一起，对它们的执行进行控制。由此可知，工作流技术是实现协同工艺设计中流程协同管理和监控的一种重要途径。

（2）工艺工作流管理系统与传统的工艺设计信息系统相比，具有两个突出的优势。第一，通过跟踪工艺工作流中各任务的执行状态，自动决定由人工或系统自动完成任务；第二，工作流管理系统流程的执行和过程的建模是分开进行的，这样可以提高系统的灵活性、柔性、可扩展性。

（3）工作流技术为结构异构的企业工艺设计系统集成提供了新的解决方法，它提供了一个跨企业的交互平台使得用户可以在异构环境下进行交互，并且能够集成不同系统平台上的应用程序。

（4）协同工艺设计中的工作流程适用于工作流管理系统来进行管理，企业的工艺设计流程基本上是按预定的流程进行的，其规则化及重复性的活动比较多，并且当功能需求发生变化时，只要对工作流的过程模型进行适当的修改即可，这样可以满足企业工艺设计的要求。

工艺工作流管理系统是为了提高工艺工作的效率而提出，它是将工艺工作的相关流程全部或部分实现自动化。在此过程中，工艺工作的相关文档、信息和任务按照事先定义好的流程进行流转，实现参与工艺工作的所有成员间的协调工作，以达到工艺工作的最优目标。工艺设计工作从工作流角度进行描述，就是参与工艺工作的有关人员以流程定义的角色完成流程所分配的工作任务。

由此可以得出，工艺工作流管理系统可以提高整个协同工艺设计系统的灵活性和扩展性，因此，工艺工作流管理系统是实现协同工艺设计过程管理的一个极其有效的手段。

3.3　协同工艺设计的流程分析

企业的工艺设计工作是一个涉及多人多领域、知识密集、企业和团队协同工作的复杂过程。工艺设计工作不仅包括工艺人员对分配的任务进行工艺设计，也包括工艺审核、工艺标准化和工艺会签等一系列的过程，其工艺设计流程如图 3.4 所示。

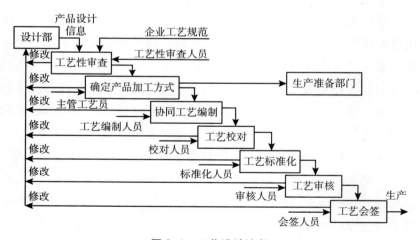

图 3.4　工艺设计流程

设计部门完成产品设计后，将设计结果发送到工艺部门进行工艺的设计。工艺部门在接受工艺设计任务后，要先确定产品的加工方式，即确定哪些零部件是外协产品，哪些是自己企业生产的。外协零部件要向生产准备部门提交外协零件表，对于自己生产的零部件首先要进行工艺性审查，如果不符合工艺性要求就要返回设计部门修改，如果合格就由主管工艺员将产品分解成各个子任务并下发到各工艺室进行具体工艺规程设计，各工艺室负责人制订工艺规划设计计划，将工艺设计任务下发到具体的工艺设计员。

各专业工艺设计人员进行详细工艺设计，这里是由来自不同地域、不同专业的多个工艺设计人员根据企业的情况完成的。工艺校对、审核和标准化人员还会就工艺文件中的错误或不合理处向工艺设计人员提出修改意见。工艺设计的主要内容包括确定加工方法、组合工序内容、确定加工余量、计算工序尺寸及其极限偏差、计算时间定额和切削用量、确定主要工序的技术要求及检验方法等，最后确定各特征的主要加工方法。

3.4　工艺工作流建模

工艺工作流除了反映工艺设计活动的任务和设计活动之间的先后关系和依赖关系，还应反映设计过程与产品、组织团队及资源等关系。

3.4.1　工艺工作流建模方法

在工艺工作流系统中，各个步骤的操作时间是不确定的。因此，为了描述工艺工作流系统中的时间因素，在基本 Petri 网定义的基础上，选用随机 Petri 网（Stochastic Petri nets，SPN）来对非确定时间的工作流系统建模。

在用随机 Petri 网对整个工艺流程建模的基础上，用 UML 图来抽象工艺工作流系统具体功能，以全面地对系统进行建模。本节对工艺工作流的建模方法作一简单介绍。

3.4.1.1　随机 Petri 网

（1）Petri 网。

Petri 网理论是 1962 年德国学者 Carl Adam Petri 博士在他的博士论文《用自动机通信》（*Communication with Automata*）中首先提出来的，当时，他利用因果关系对一并行系统进行了描述。随后 Petri 的工作引起了欧美学术界和工业界的注意。近年来，随着 Petri 网理论的不断发展，其应用范围也越来越广，如性能评价、通信协议和生产系统等领域，Petri 网已经成为描述和研究具有异步、并发、分布、并行和非确定性信息系统的强有力工具。

Petri 网是一种能对信息处理系统进行形式化描述和建模的有效数学工具。经过 40 多年的发展，已成为具有严密数学基础、多种抽象层次的通用网论，在多个学科领域中得到了广泛的应用。Petri 网是由库所节点和变迁节点两类性质不同的节点构成的网，其中库所节点是静态的，其作用是记录构成系统的诸个体以及系统本身的状态；变迁节点是动态的，它决定系统中状态改变的规则[71-72]。

定义 3.2：Petri 网（PN）是一个五元组 (P, T, F, W, M_0)，其中：

① $P = \{p_1, p_2, \cdots, p_m\}$ 是库所（place）的有限集，为库所的个数；

② $T = \{t_1, t_2, \cdots, t_m\}$ 是变迁（transition）的有限集，$n > 0$ 为变迁的个数；

③ $F \subseteq P \times T \cup T \times P$ 是弧（arc）的集合，也称为流关系（flow relation）；

④ W：$F \rightarrow N$ 是定义在弧上的权函数（weight function）的集合，其中，$N = \{1, 2, 3, \cdots\}$ 为非负整数集；

⑤ M_0 是系统的初始标识（initial marking），表示系统的初始状态。定义为库所上的标识（marking）M：$P \rightarrow N_0$ 表示系统的状态，其中 $N_0 = \{0\} \cup N$。

在 Petri 网系统的图形表示中，圆圈表示库所，矩形条表示变迁，有方向的线条表示流关系，弧的权用数字表示在弧的旁边，定义在库所上的标识表示为相应数目的小黑点，称为托肯（token）。

标记（token）位于库所中，所有库所中标记的分布称为标识，标识用于表示系统的状态，它会随着变迁的实施而重新分布，从而表征系统的动态行为。

与状态机相比，Petri 网具有更强的描述能力，它克服了状态机不能描述并发的缺陷。事实上，状态机可看作 Petri 网的一类特殊的有向图，其中包含两种节点：库所和变迁。库所节点和变迁节点间用有向弧联系，这种联系可以用关联矩阵来表示。库所节点可以包含标记，变迁节点遵循使能（enabled）规则可以实施，而实施的变迁将按照实施规则改变库所节点中标记的分布，由此描述系统的动态行为演化。Petri 网可以描述系统中的并发、同步和冲突等特性。

在 Petri 网中，流关系 F 有两种类型——输入和输出，与之对应的库所也有两种，如果存在从 p 指向 t 的有向弧，称 p 为输入库所，如果有向弧从 t 指向 p，称 p 为输出库所。

在 Petri 网中，库所是静态元素，变迁是动态元素。如果存在一条从一个库所指向一个变迁的有向弧，那么这个库所是该变迁的一个输入库所；如果存在一条从一个变迁指向一个库所的有向弧，那么这个库所是该变迁的一个输出库所。如果一个变迁的每一个输入库所中都至少包含一个标记，那么称该变迁是使能的。使能的变迁可以实施，变迁的实施将从该变迁的每一个输入库所中移出一个标记，并在每一个输出库所中增加一个标记。

普通 Petri 网不能够描述系统的功能和结构特征，也缺乏时间描述机制。为了描述时间特性，通过对 Petri 网中的变迁或者库所附加时间常数因子，产生了赋时库所 Petri 网和赋时变迁 Petri 网，如果时间常数因子为一随机量则为随机 Petri 网。为了改善状态组合的复杂性和描述系统的结构特征，建立了有色 Petri 网、高级 Petri 网和递阶 Petri 网。此外，Petri 网的其他扩展形式还有时间 Petri

网、通信 Petri 网和面向对象 Petri 网。

（2）随机 Petri 网。

①随机 Petri 网概念。

随着卫星网络规模的不断扩大和复杂化，用传统的排队论方法进行建模和分析将难以满足需求。在基本 Petri 网的研究基础上，Molly，Florin 和 Natkin 等人提出了把基本 Petri 网中的变迁和随机的指数分布实施延时相联系的思想，即随机 Petri 网（Stochastic Petri Nets，SPN）[73-74]。它的目标是将形式化描述、正确性验证和性能分析集成起来。SPN 尤其在对并行系统的资源共享模型进行描述和解决非乘积问题时发挥了其独特的作用。

定义 3.3：随机 Petri 网 SPN 是一个六元组（P，T，F，W，M_0，λ），其中：

①P，T，F，W，M_0 与 PN 定义相同，（P，T，F，W，M_0）为一个 P/T（位置/变迁）系统；

②λ：$T \rightarrow R^+$ 是将正实数的激发率与所有变迁关联的激发函数。设 $T = \{t_1, t_2, \cdots, t_m\}$，则对 $t_i \in T$，$\lambda(t_i) \in \lambda_i$ 为一个非负实数，它表示变迁 t_i（当满足发生的条件时）的发生速率。t_i 发生的时延 d_i 是一个同时间 τ 相关的随机变量

$$d_t(\tau) = e^{-\lambda_i \tau} \tag{3-1}$$

因此，变迁 t_i 的平均时延为：

$$\overline{d_i} = \int_0^\infty e^{-\lambda_i \tau} d\tau = \frac{1}{\lambda_i} \tag{3-2}$$

由于负指数分布具有无记忆性质，如果 SPN 是一个有界的随机 Petri 网，那么 SPN 的可达标识图 RG（SPN）同构于一个有限的马尔可夫链（MC）。在求出 SPN 概率转移矩阵之后，可以得到 MC 状态的稳定状态概率，在这些基础上可对随机 Petri 网所模拟的实际系统作各种性能评价。

②随机 Petri 网的应用。

随着计算机技术的应用和发展，系统的庞大和复杂化使得系统

性能评价问题变得越来越复杂并越来越引起人们的重视。提供有效的数学理论工具、直观的模型描述方法和有效的模型分析方法以及实用的辅助分析软件，是系统性能评价所面临的迫切需要解决的问题。

　　Petri 网可应用到很多系统和领域的图形和数学模型工具，也是信息处理系统描述的有力工具之一，它的主要特性包括：并行、不确定、异步和分布描述能力和分析能力。作为图形工具，Petri 网除了具有类似流程图、框图和网图的可视描述功能外，它还可以通过标记（token）的流动模拟系统的动态和活动行为。作为数学工具，随机 Petri 网可以建立状态方程、代数方程和其他数学模型来描述系统的行为。

　　随着随机 Petri 网的发展，它的应用范围已经超过了计算机科学，成为研究离散事件动态系统的有力工具，主要应用领域包括计算机网络、分布式软件、分布式数据库系统、并发和并行计算机系统、柔性制造与工业制造系统、离散事件系统、多处理机系统、容错与故障诊断系统、办公自动化系统和决策模型系统。

　　③工作流模型的随机 Petri 网的表示。

　　工作流模型[75-77]中的路由结构有三种：顺序结构、并行结构和选择结构。可用随机 Petri 网表示工作流模型[78-81]的三种路由结构，如图 3.5 所示。

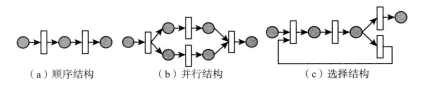

　　（a）顺序结构　　　　　（b）并行结构　　　　　（c）选择结构

图 3.5　工作流模型的基本路由结构

3.4.1.2　UML 语言

　　统一建模语言（Unified Modeling Language，UML）是在 Booch、

OMT、OOSE 等面向对象建模方法的基础上发展起来的一种可视化建模语言[82-84]。它是一个支持模型化和软件系统开发的图形化语言，为软件开发的所有阶段提供模型化和可视化支持，包括由需求分析到规格，到构造和配置。面向对象的分析与设计方法的发展在20 世纪 80 年代末期至 90 年代中期出现了一个高潮，UML 是这个高潮的产物。它不仅统一了 Booch、Rumbaugh 和 Jacobson 的表示方法，而且对其作了进一步的发展，并最终统一为大众所接受的标准建模语言。

UML 因其简单、统一的特点，而且能表达软件设计中的动态和静态信息，目前已成为可视化建模语言的工业标准。在软件系统的开发过程中，统一建模语言可以在整个设计周期中使用，帮助设计者缩短设计时间，减少改进的成本，使软硬件分割最优。

UML 的特点。

（1）UML 统一了各种方法对不同类型的系统、不同开发阶段以及不同内部概念的不同观点，从而有效地消除了各种建模语言之间不必要的差异。它实际上是一种通用的建模语言，可以为许多面向对象建模方法的用户广泛使用。

（2）UML 建模能力比其他面向对象建模方法更强。它不仅适合于一般系统的开发，而且对并行、分布式系统的建模尤为适宜。

（3）UML 是一种建模语言，而不是一个开发过程。

UML 对系统模型的定义和描述由下列五类图构成。

（1）用例图（Use Case Diagram），从用户角度描述系统功能，并指出各功能的操作者。用例图是分析和确定用户需求的基本手段；

（2）静态图（Static Diagram），描述系统的静态结构，包括类图、对象图和包图；

（3）行为图（Behavior Diagram），描述系统的动态模型和组成对象间的交互关系，包括状态图和活动图；

（4）交互图（Interactive Diagram），描述对象间的交互关系，包括顺序图和合作图；

（5）实现图（Implementation Diagram），描述系统实现时的一些特性，包括构件图、部件图和配置图。

UML 的五类图形为系统的开发提供了模型的可视化表示方法，基于 UML 的建模一般包括系统需求描述、系统静态结构建立和系统行为描述等主要内容。其中用例图、类图、对象图、组件图和配置图五个图形主要用于系统需求描述，并根据需求建立系统的静态模型，以构造系统的结构，属 UML 的静态建模机制；状态图、活动图、顺序图和合作图四个图形表示系统执行时的时序状态和交互关系，属 UML 的动态建模机制，如图 3.6 所示。

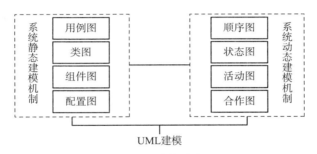

图 3.6　UML 建模的主要图形

UML 是一种定义良好、易于表达、功能强大且普遍适用的建模语言，为复杂信息系统的设计和分析提供了有效的手段。利用 UML 提供的各种图形元素，可以方便直观地对用户需求、系统的静态特性和动态行为，以及企业过程、组织、资源和信息等内容的描述。

目前，UML 已成功应用于电信、金融、政府、电子、国防、航天航空、制造与工业自动化、医疗、交通、电子商务等领域中。在这些领域中，UML 的建模包括大型、复杂、实时、分布式、集中式数据或者计算，以及嵌入式系统等，而且还用于软件再生工程、质量管理、过程管理、配置管理的各方面。

3.4.2　基于随机 Petri 网和 UML 的工艺工作流过程建模

工艺工作流模型是工作流的过程逻辑，它包括组成工作流的所有活动以及活动之间的依赖关系。工艺工作流模型是一个以过程为主的群体协作模型，它贯穿于一个工艺设计任务的始终，对工艺工作流系统的实现有重要的作用。

系统的设计和分析都离不开系统模型，Petri 网的建模方法兼顾了严格语义与图形语言两个方面，它既是严格定义的数学对象，具有强有力的分析技术手段，又具有图形化直观易懂的特点。但 Petri 网在工艺工作流系统的建模中也存在一定的不足，最突出的是 Petri 网缺乏抽象机制，难以表达面向对象中的泛化、聚集和分类等概念。而本章中的工艺工作流系统的实现采用面向对象的分析和编程方法，Petri 网在抽象机制方面的不足使得基于 Petri 网的工艺工作流模型难以在后续的设计和实现过程中进行充分的利用，而 UML 能够弥补这些不足，因此本书引入 UML 与 Petri 网结合进行工艺工作流的建模，用随机 Petri 网对整个工艺流程建模，然后用 UML 图来抽象系统具体功能。

3.4.2.1　基于随机 Petri 网的工艺工作流过程模型

工艺工作流系统属于事务性工作流管理系统，它是由参与工艺工作的所有活动的工作流组成。工艺工作不仅包含工艺师对分配的任务进行工艺设计，也包含工艺审核、工艺标准化和工艺会签等一系列的签审过程。

用随机 Petri 网对工艺工作流建模，关键是解决如何把随机 Petri 网中的元素和实际的工艺工作流对应起来。用库所分别表示任务、文件和人员组织，用变迁表示在工作流中任务的执行。

工艺工作流的模型可用 SPN = $(P, T, F, W, M_0, \lambda)$ 来表示，其中：

（1）（P，T，F，W，M_0）是一个初始标记为 M_0 的随机 petri 网系统，λ 为某个变迁的速率。P 为库所的集合，根据随机 Petri 网的定义，在工艺工作流中库所 P 包括以下几种类型。

①任务类库所。

任务类库所表示协同工艺设计任务，具体的表现形式：任务号、名称、类型、开始执行时间、结束时间。

②文件类库所。

文件类库所表示在工作流程中，每个步骤执行后的结果，由一系列的工艺设计文件组成，具体的表现形式：文件号、名称、类型、路由选择。

路由选择表示执行后的结果能否通过检验，如果通过，则继续以下的流程，如果没有通过，则返回修改。

③组织类库所。

组织类库所表示参与流程节点活动中的人员组织，即工艺设计整个流程中的参与者。具体的表现形式：人员编号、姓名、所属节点类型。

（2）T 为变迁的集合。

变迁 T 表示工作流程中任务的执行，根据执行类型分为人工参与执行和自动执行两种。人工参与执行是指需要工艺人员的参与，由工艺人员确定如何执行，然后才能转移到相应的节点执行；自动执行是指不需要工艺人员的参与，工作流系统自动执行的过程。

（3）F 是流关系集合。

根据随机 Petri 网的定义中 F 描述了所有可能的状态与事件之间的关系。有两种类型——输入和输出，对于有 n 个库所和 m 个转移组成的随机 Petri 网，其 F 为 $n \times m$ 的矩阵，它们是随机 Petri 网的矩阵表示形式。

根据上述分析和协同工艺设计的过程，将随机 Petri 网的理论应用到企业的工艺工作流建模中，得到基于随机 Petri 网的工艺工作流模型如图 3.7 所示，其中各符号的含义如表 3.1 所示。

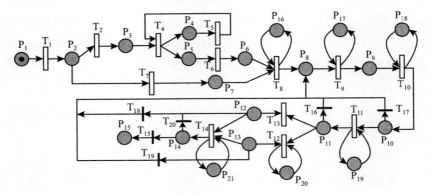

图 3.7　基于随机 Petri 网的工艺工作流模型

表 3.1　　　　　　　　　　随机 Petri 网中库所和变迁含义表

库所	含义	变迁	含义
P_1	就绪态	T_1	创建任务
P_2	工艺设计总任务	T_2	分解任务
P_3	各成员任务	T_4	判定分解的合理性
P_4	分解不合理的任务	T_5	重新分解
P_5	分解合理的任务	T_6	任务重组
P_6	重组的任务	T_7	寻找协同成员
P_7	协同成员名单	T_8	任务调度
P_8	协同合作伙伴设计任务	T_9	协同工艺设计
P_9	工艺设计的结果	T_{10}	校对工艺文档
P_{10}	工艺校对结果	T_{11}	工艺标准化
P_{11}	标准化结果	T_{12}	工艺审核
P_{12}	审核结果	T_{13}	标准审核
P_{13}	标准审核结果	T_{14}	工艺会签
P_{14}	会签结果	T_{15}	会签通过后提交工艺文档入库
P_{15}	文档库	T_{16}	标准化不通过返回设计阶段修改
P_{16}	工艺主管	T_{17}	校对不通过返回设计阶段修改
P_{17}	协同工艺设计人员	T_{18}	工艺审核不通过返回设计阶段修改
P_{18}	工艺校对人员	T_{19}	标准审核不通过返回设计阶段修改
P_{19}	工艺标准化人员	T_{20}	会签不通过返回设计阶段修改
P_{20}	工艺审核人员		
P_{21}	工艺会签人员		

①库所集合。

P_2、P_3 和 P_8 是任务类库所。其中 P_2 不为空表示工艺设计总任务，P_3 为分解后的任务，P_8 为分配后协同合作伙伴的工艺设计任务，在实际运行中，P_8 表示每个协同工艺设计人员的任务项列表。

$P_9 \sim P_{14}$ 是文件类库所，表示工艺设计、校对、标准化、审核和会签的结果。

$P_{16} \sim P_{21}$ 属于组织类库所，表示协同工艺设计过程中的参与者。

②变迁集合。

T_2、$T_4 \sim T_{14}$ 都属于人工参与执行，需要工艺人员的参与才能决定下一步如何执行，剩下其他的转移都属于自动型转移。

3.4.2.2 基于 UML 的工艺工作流过程模型

在用随机 Petri 网对整个工艺流程建模的基础上，用 UML 图来抽象工艺工作流系统具体功能，以全面地对系统进行建模。

在 UML 的两类图中，选用 UML 静态建模机制中的用例图描述系统的功能，用动态建模机制中的顺序图来描述各种功能的动态行为。

（1）工艺工作流系统的用例图。

UML 用例图是进行需求获取和描述的有效工具，它以图形化的方式沟通了用户、领域专家、系统规划者和软件设计者之间的信息，使实现的系统尽可能好地满足用户需求。一个用例（Use Case）就是一个具体的用户目标，并且用例图描述的功能需求通常具有较高的抽象度，这样可有效避免系统分析中由于过早陷入细节而忽略了全局的问题。因此在需求分析中，可使用用例图来描述工艺工作流管理系统功能目标，图3.8 所示为工艺工作流管理系统的用例图。

用例图用于系统的需求分析阶段，描述系统的需求模型。它用简单的图形元素表示出系统的活动者（Actor）、用例以及它们之间的联系，准确表达系统的功能。

在工艺工作流管理系统的开发过程中，首先分析和确定用例图中的活动者和用例，建立用例模型，绘制系统高层的用例图（图3.8）。然后根据需要逐步细化高层次用例图，直至把未来系统各模块的功能需求用用例图准确表达出来。

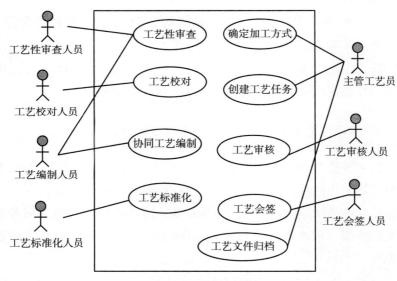

图 3.8　系统用例图

（2）工艺工作流系统的顺序图。

顺序图（Sequence Diagram）描述了一连串用例的执行顺序，以及用例之间的联结关系，表达的是基于时间的动态交互。在一个运行的系统中，对象之间要发生交互，并且这些交互要经历一定的时间。UML 中的顺序图可以满足这一要求。工艺工作流系统的顺序图如图 3.9 所示。

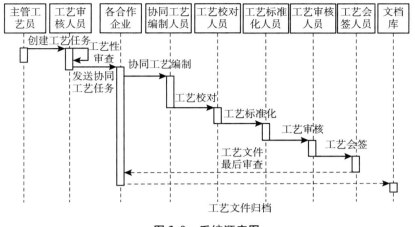

图 3.9 系统顺序图

3.4.3 工艺工作流组织模型

工艺工作流组织模型是用来定义工作流活动中人员的组织结构，为工作流活动的执行提供柔性的组织定义。工艺工作流管理属于事务性工作流管理系统，它是以工艺设计任务为中心的，所以工艺工作流的组织模型也是围绕工艺设计任务来建立的。

组织模型的主要功能是定义所有参与工艺活动的执行者，构造与工艺活动相关的组织结构并分配相应的权限。由于不同的企业，根据其生产特点、行业特点和生产模式的不同，工艺工作流组织模型是随工艺管理体系的不同的而不同的。一般来说，不同的制造企业的工艺管理体系可分为一级管理、二级管理和三级管理。

（1）一级管理体系。

一级管理体系是指技术处或技术部负责企业的全部工艺工作，工艺分工、工艺设计、工艺审核、工艺校对、工艺文件归档等全部在一个部门内完成，与其他部门不发生联系。一般规模比较小的企业多采用此管理体系。

（2）二级管理体系。

二级管理体系是指技术处或技术部负责全部工艺分工、工艺计划、工艺管理工作，而具体的工艺编制任务由各科室（机加工科、热表处理科等）、分厂或车间负责。一般规模较大的企业，由于其生产的产品比较复杂，多采用二级管理模式。

（3）三级管理体系。

三级管理体系一般是指采用总厂技术处或技术部—各具体科室—分厂或车间三级管理。对于规模比较庞大的企业，由于总厂技术部门协调车间比较困难，在总厂技术部门和车间之间增加总厂工艺部门，负责协调车间工艺工作。

以某制造企业制造大纲编制流程为例，从宏观上看，其工艺管理体系采用的二级管理模式，由于制造大纲的编制过程制涉及多个技术部门，如总工艺部、总特设部、总冶金部、生产处和设备处，等等。因此，从打破各部门间各自为政的状况出发，组建多学科集成产品工艺设计团队，采用类矩阵式组织结构方式，如图 3.10 所示。总工艺负责工艺分工、工艺计划和工艺管理工作，它将工艺设计任务分解成多个子任务，并为每个子任务指定负责人，将分解后的工艺设计任务下发到各设计分厂（或车间），由分厂（或车间）负责工艺设计。对制造大纲中涉及其他职能部门的编制内容，由总工艺与相应部门领导协商，从中选择合适人员参加该产品工艺设计。

对应图 3.10 所示的管理方式，采用图 3.11 所表示的实体关系组织模型。企业由部门组成，部门由拥有一定角色的执行者构成，每个角色都授予一定的权限。设计组由拥有不同角色的执行者组成。角色是用于区别执行者在设计组中对应用程序的操作权限及对数据的使用权限而设立的，一个执行者可以具备多个角色，一个角色也可以分配给多个成员。

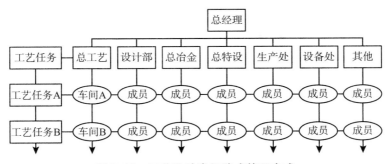

图 3.10　工艺设计类矩阵式管理方式

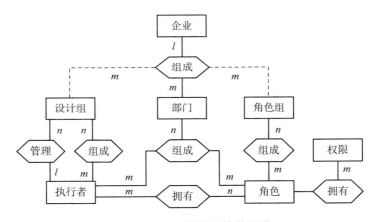

图 3.11　组织模型实体关系图

3.4.4　工艺工作流数据模型

工艺工作流管理系统中存在着大量的数据和信息，这些数据和信息的交互与管理是工作流管理系统所关心的问题之一。工艺工作流数据模型反映了工艺工作流执行过程中数据组成和逻辑结构，正确合理的数据模型是工作流系统顺利运行的关键问题之一。根据数据对象在工艺设计工作流中的作用，可将其分为工作流控制数据、工作流相关数据和工作流应用数据。

工作流控制数据（Workflow Control Data）是工作流执行服务赖

以辨别每个过程或活动实例的状态的数据。这些数据由工作流执行服务进行控制。用户、应用程序或其他工作流执行服务不能对其进行直接操作，它们可以通过向工作流执行服务发送消息来获得工作流控制数据的内容。因此，工作流控制数据主要是指描述工作流过程模型数据，它确定了工作流执行步骤。

工作流相关数据（Workflow Relevant Data）是工作流管理系统赖以确定过程实例状态转换的条件，并选择下一个将执行的活动的数据。这些数据可以被工作流应用程序访问并修改。例如，进行工艺文件会签后，会签人员要给出会签意见，工作流管理系统使用该会签意见作为相关数据选择下一个要执行的活动。

工作流应用数据（Workflow Application Data）是指那些由应用程序操作的数据，数据的组成和具体的应用相关。在工艺工作流管理系统中，工作流应用数据是指工艺任务所对应的产品、零件信息和工艺数据，所有的这些信息都是以关系表的形式存储在关系数据库中，以便于应用系统的读取和利用。在实际应用中，工作流应用数据是与所涉及的具体应用相关的。

3.5　工艺工作流管理系统功能

根据 WFMC 的工作流管理系统模型，工作流管理主要涉及工作流模型定义、工作流模型实例化、工作流执行与监控和工作流操作者管理四个方面。针对工艺设计的过程，工艺工作流系统主要包括过程模型定制、任务分工管理、工艺流程管理和人员管理，具体功能结构图如图 3.12 所示。

（1）过程模型定制。

过程模型定制就是把实际的工艺设计过程用工作流定义格式表示出来。根据上述对协同工艺设计的过程分析来定制工艺工作流系统的流程。工艺设计流程从文档管理的角度看实际是文档的设计审批流程，通常采用串行管理模式，一般包括工艺性审查→工艺设计→工艺校对→标准化→审核→会签→归档，在串行工作的某些节点上提供支持并行操作的功能，如工艺文件设计节点，提供协同设计的功能。

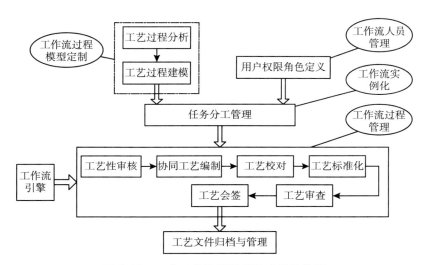

图 3.12 工艺工作流管理系统功能结构图

（2）任务分工管理。

工艺设计过程是由一系列工艺任务构成的，整个设计过程可以表示为一个工艺任务流，这些任务就是流程节点中的任务。任务分工管理过程实质上是工作流实例化的过程，一个任务对应一个工作流模型实例，而一个工作流模型对应多个工作流模型实例，即一个工作流可以进行多个模型实例化。为每个任务设定运行所需的信息和要求，为流程的运转做准备。

（3）人员管理。

工艺工作流中，不同的任务需要由不同的人员来执行，必须对工艺人员进行适当的权限管理，对不同的技术人员赋予不同的角色，不同的角色赋予不同的权限，以实现整个团队的协同工作。

（4）工艺流程管理。

在人员角色配置完成后，结合每个流程节点的任务，工作流程就可以运转起来，所生成的工作流模型实例通过工作流机进行初始化和执行。整个对工艺流程的处理都围绕着任务进行，从任务列表中选择一个任务，得到此任务的详细信息，完成相应的任务，然后提交后到下一个工作环节。在执行的过程中，用户可以对各个阶段工作进行监控。这样，工作流实现了在模型中定义的过程和实际的工艺设计过程的对接，实现了流程的自动运转。

第4章

同步协同工艺设计的实现方法

工艺工作流管理实现了工艺设计过程的管理，但是在工艺设计过程中，在地理上分布的多工艺人员同步地浏览工艺文件、协同设计工艺规程等工作需要工艺同步协同协作的支持。

工艺编制协同是工艺工作流流程节点中的一个子节点，从工艺编制的形式上来看它类似于一个协同的编辑系统，从工艺决策的过程上来看，也是一个协同决策的过程，它是多人参与的，从多个可行工艺方案或问题解中，由工艺人员、设备人员等来自相同或不同领域的技术人员协商选择或由计算机选择一个符合目标要求、最优或近优方案或解的动态反馈过程，也是以协同决策群组为主体，对协同创新方案进行定量和定性相结合的信息处理过程。

4.1 同步协同工艺设计的体系结构

为了实现同步协同工艺设计的高效工作，给出如图 4.1 所示的 4 层体系结构，即网络硬件层（物理层）、数据层（信息资源层）、工具层（控制层）、应用层。

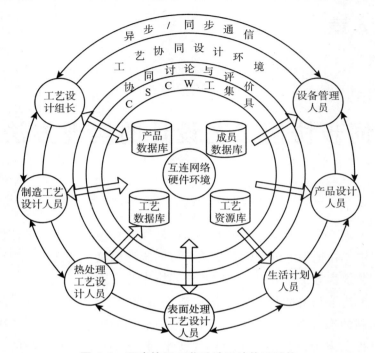

图4.1　同步协同工艺设计系统体系结构

第一层位于网络硬件层，也称之为物理层，其主要功能是提供开放的网络互联通信环境，保证协同工作中有效的信息交流。

第二层为数据层。产品数据库存储产品数据基本信息，包括BOM表信息、各零件的 CAD 信息、材料信息，还可能有一些中间文件，如零件的 STEP 文件等；协同成员数据库存储所有参与协同编制的技术人员的信息，包括主管设计人员（协同控制人员或会议主持人）、企业其他部门的人员，如 CAD 设计人员、工装设计人员、设备管理人员和生产管理人员等；工艺资源库存储工艺设计过程中所需工艺数据、实例工艺和工艺决策知识等；工艺数据库主要存储工艺设计过程中产生的工艺数据等。

第三层为工具层，也称为控制层。这一层中主要是一些集成了的支持工艺协同编制的工具集，它具备一系列面向协作的服务，诸如数据共享的管理、协同机制的设置等，并充分利用 CSCW 的功能进行协同控制。

第四层为应用层，协同工艺设计人员针对工艺设计过程中某一具体问题进行相互讨论与评价。这些问题主要包括加工方法的选择、加工参数的选择、加工设备的选择、加工路径的选择，有时候可能还有热处理方法的选择、表面处理方法的选择等。在讨论过程中，充分利用各自在相关领域的经验知识，实现知识共享。

在图 4.1 的体系结构形式的同步协同工艺设计环境中，主管设计人员（协同控制人员或会议主持人）根据各个协作成员的工作性质授予相应的访问数据库的权限，不同的协同人员根据被授予的权限进行相关的活动。上述的人员中，除了主管设计人员与数据层的通信方式是双向的，其他人员如设备管理人员等只能游览相关数据，与数据层的通信是单向的。

工艺协同编制系统的系统结构通常有集中式和分布式两种。集中式是指应用程序只安装在一个节点上，所有参与者对该程序的输入消息都传到该应用程序所在的节点，而程序的输出要通过网络传送到其他节点，其他节点响应的应用软件负责在屏幕上产生相同的输出结果。在同一时刻，只有一个参与者对这个程序拥有控制权。集中式应用共享在一致性及权限控制上都能很好的维护，缺点是数据传输量较大，对现有网络条件来说实现较困难。分布式是指所有参与节点上都安装同一个应用程序副本，某个拥有控制权的节点将应用程序的用户输入信息发送到其他参与节点，并在其他节点上将该输入信息进行模拟输出到相应的应用程序中，最后产生输出结果。分布式解决了数据传输量的问题，但在协作的一致性维护上相对困难。由于本工艺设计系统是针对数据库开发的，所有的应用数据全部保存在数据库，各协同用户协同进行工艺编制时，初始状态打开的是同一份工艺文件，这就保证了初始状态的一致性。针对此特点，为了达到良好的使用效果和自由协作，本书采用分布式和集中式相结合的体系结构，让服务器集中管理每个会话、用户登录信息以及每个会话的记录，当用户登录成功后，每个协作者之间的通讯是完全分布式的，从而减轻服务器的负荷，也避免了服务器对系统的性能可能造成的瓶颈。另外，各协作节点在进入会话以后采用的是完全分布式的结构，因此能够减少通信的延时，缩短相应时间，提高系统性能，使本地用户的操作能够快速地反映给远端的协作者。

4.2　同步协同工艺设计的数据交换方法

良好的交互性是协同工艺设计与管理系统成功的关键，如果用户每次操作都需要长时间的等待，会使得工艺设计工作无法正常进行，因此，实时高效地协同数据交换是实现分布式环境下实时协同工艺设计的关键。

4.2.1　数据交换方法的确定

在协同工艺设计的过程中，当某个协同用户对工艺规程进行编辑修改后，其操作的结果要能够及时传递给其他协同用户，以保证所有用户工艺规程同步更新和一致。因此，数据交换方式是协同设计中的重要部分，目前主要的数据传输模式有增量式、流式传输和基本传输三种方式[85-88]，具体如下：

（1）基本传输。即在数据传输过程中，可以将整个模型传输给各个客户端，这种方式是最基本的数据传输方式，在协同 CAD 中使用较多。如 Pro/E Wildfire 2.0 中采用了这种方式。两个用户之间可以用 Pro/E 2.0 建立连接，在协同工作过程中直接将几何模型文件发送给协同用户，但是模型文件传输容易受到网络传输速度、文件大小等因素的影响。

（2）流式传输。将产品模型以数据流的方式连续传递给客户端，客户端在接收数据的同时可以对产品进行部分的显示和操作，这种传输方式主要针对完整模型的快速传输，主要应用于产品展示、产品协同观察等。

（3）增量式传输。每次操作后将相应的更新部分进行传输，将更新的部分与客户端原有数据进行合并得到最终修改后的数据，这种方法数据传输量小，可以提高传输效率，节省网络资源，能够基本满足系统设计、编辑的需要。

针对协同工艺设计系统的特点，应用基于 XML 的增量式数据交换方法。在协同工艺设计的过程中，每个协同用户都有一份工艺文件副本，各界面显示的是完全相同的工艺规程，每次操作的结果都是针对这个工艺文件副本中的某个或某几个数据项。因此，各个协同用户之间不需要传输整个文件，只需传输的是每次修改的数据项即可。

4.2.2　XML 基础理论

XML 的定义为可扩展标记语言（XML：extendable markup language），是 W3C（World Wide Web Consortium）制定的标准标记语言。W3C 将 XML 1.0 版描述如下：XML 是标准通用标记语言（SGML：Standard Generalized Markup Language）的一个子集，其目标是让一般的 SGML 能够在网站上被服务、接收和处理。XML 小巧、简洁，对于广泛应用的 Web 和其他方式的数据交换来说正变得日益重要。它自含字典定义和解析方法，具有可扩展能力，可以为不同运行平台软件所接受[89-91]。

XML 的出现反映了文档的数据库化和数据的文档化的发展趋势，并成为 XML 走向成功的主要推动力之一。XML 的应用领域可以分为两大类：面向表现的信息发布 POP（Presentation Oriented Publishing）和面向消息的中间件 MOM（Message Oriented Middleware）。

POP 文档是面向 Web 信息发布的，它只包含无格式的抽象内容而不描述格式化的修饰内容，为了描述文档的外观，用户需要创建一个样式表。因此，POP 文档一般是由人来编写并由人来阅读的，可以做到"一次编写，多次发布"。POP 文档一般具有较长的生命周期、规模较大和结构比较复杂。POP 文档的应用领域包括与媒体无关的信息发布、个性化定制出版和精确数据检索等。

MOM 是 XML 在 Web 上的关键应用，它推动了 XML 的大量应用。MOM 文档是面向数据处理的，作为中间件，用于在不同的应用程序之间实现数据交换和互操作。MOM 文档是由计算机程序产生，并由其他程序来处理，人们根本看不到这些文档。MOM 文档一般具有较短的生命周期、不具有交互性、规模较小、结构比较简单。MOM 文档的应用领域包括数据库交互、应用程序间通信和电子商务等。

XML 具有以下特点。

（1）它是一种建立标记语言的语法，拥有标准格式，易于创建、学习和使用；能够与 SGML 及 HTML 共同合作，并且专门为用于 Internet 而设计。作为连续性的文本文件，可以轻易通过防火墙，在现存的网络上传送，易于实现数据的安全传输。

（2）可提供描述方法和在应用程序之间实现格式化的消息和数据传输。使用者可以通过读和解析（Parsing）XML 资源来处理 XML 对象（文档）。

（3）可以实现结构化。利用 DTD（Document Type Definition）/ Schema 可以结构化，以使内容和语法都能轻易地进行验证。DTD 定义按照树结点之间关系来创建 XML 文档结构树的格式集合规则，如哪些元素能被使用，声明它们在哪能被使用，以及它们之间的关系。XML 处理器能读 DTD 模板并和 XML 文档实例进行对比以发现错误，这种强化的结构化特性确保用户可以建立标准化而且有效的 XML 文件。

（4）XML 文件可以使用组合的方式建立。利用 XML 更具威力的链接方式，可以利用其他文件的组合来建立文件。这种强化的链接系统让用户只需选择其他文件上需要的部分，就可以轻松建立自订文件。

（5）数据建模能力强。XML 文档既描述了实体数据，又描述了数据模式，因此特别适宜于产品数据库之间的模式和数据的传递与交换，使得基于模型的产品族集成中的产品数据模式重构变得非常简单。

（6）数据冗余少。虽然 XML 包含大量标记，会造成一定数据冗余，但通过映射，可以过滤掉不需要传递的子元素和属性。

（7）数据约束强。XML 元素中数据通常被统一视为字符串类型，因此很难判断基本数据类型的错误，通过结构类型的映射可以对每个叶子结点作显式的类型声明。

（8）数据传递的灵活性高。通过映射与反映射，可以不使用 XSLT 就实现 XML 到 XML 的转换。

4.2.3　基于 XML 的数据交换过程

XML 作为一种数据格式描述的元语言标准，自从出现以后，就不断地被应用到各种不同的数据交换领域中去。使用 XML 制订的应用领域的交换标准的出现，使得在各个应用领域中都形成了交换的优化模式。其中每个系统都将其内部的数据转换成行业标准的基于 XML 的数据格式用于系统间的数据交换，XML 为协同工艺设计系统的数据交换提供了有效的解决方案。

协同数据交换过程包括工艺数据到消息文件交换、消息文件网络传输和消息文件到工艺数据交换三个步骤，其交换过程如下。

（1）工艺数据到消息文件交换：

①监听工艺数据变化；

②获取工艺数据的变化信息；

③对该消息进行 XML 序列化封装。

（2）消息文件网络传输：通过 IP 多播发送至当前各协同用户。

（3）消息文件到工艺数据交换：

①各协同用户端通信模块监听到网络消息；

②反序列化该网络消息，得到工艺数据的变化信息；

③对工艺文档更新变化信息，完成交换过程。

根据上述分析，基于 XML 的增量式数据交换方法如图 4.2 所示。如果某道工序的内容发生变化，即可将此工序内容通过此过程发送给其他协同用户，在重现后实现同步。

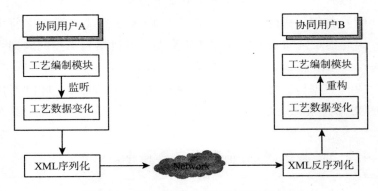

图 4.2　基于 XML 的协同数据交换方法

4.3　同步协同工艺设计的数据通信方法

协同工艺设计的同步与实时更新是通过通信机制来实现的，通信的方式体现在协同用户与服务器之间的通信以及协同用户之间的通信。前者按一般的请求/响应模式进行通信，主要是数据的处理、保存等。协同用户之间的通信主要体现在工艺设计的同步是主要阐述内容。

本节在分析并确定协同工艺设计与管理系统的网络传输协议和网络通信方式的基础上，确定了基于消息的通信机制来实现协同工艺设计的通信问题。

4.3.1 网络通信传输协议

TCP/IP（传输控制协议/网间协议）是网络通信协议，它规范了网络上的所有通信设备，尤其是一个主机与另一个主机之间的数据往来格式以及传送方式。TCP/IP 协议被组织成四个概念层，包括应用层、传输层、网间层和网络接口层，参考模型如图 4.3 所示[92-94]。

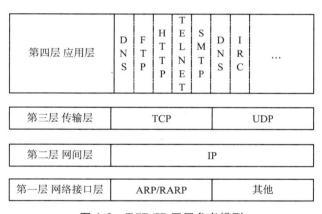

图 4.3 TCP/IP 四层参考模型

Socket 是套接口，是 TCP/IP 协议网络通信的基本单元，作为 TCP/IP 的网络编程接口，它为基于 Windows 的网络通信提供了一种方便开发和运行的环境。在 TCP/IP 网络应用中，通信双方相互作用，采用客户端/服务器模式，建立连接的流程如图 4.4 所示。

服务器端（首先启动）：

（1）打开一通信通道并告知客户端，可以在某一端口（如 HT-TP 为 80 端口）接受客户请求；

（2）等待客户请求到达该端口；

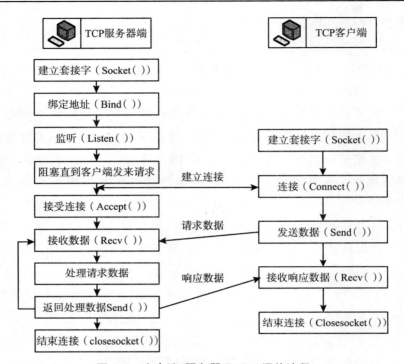

图 4.4　客户端／服务器 Socket 通信流程

（3）接收并处理该请求，把回应数据发送给客户端；

（4）服务完成后，关闭这个连接；

（5）返回第二步，等待下一个客户请求。

客户端：

（1）打开一个通信通道，并连接到服务器所在主机的特定端口；

（2）如果服务器接受了这个连接请求，则向它发出服务请求报文；

（3）等待并接收应答；

（4）请求结束后关闭通信通道。

4.3.2　网络通信方式

目前，互联网中存在的网络通信方式包括单播、广播和多播。主机使用 IP 地址进行一对一（单播）、一对多（多播）和一对所有（广播）的通信。

（1）单播。

主机之间"一对一"的通信模式，信息的接收和传递只在两个节点之间进行。网络中的路由器和交换机根据其目标地址选择传输路径，将 IP 单播数据传送到其指定的目的地。由于其能够针对每个客户的及时响应，所以现在的网页浏览全部都是采用 IP 单播协议，例如主机 H1 向服务器 H2 发送请求网页，单播 IP 分组如图4.5 所示。但因服务器针对每个客户端发送数据流，若客户数量大，服务器将不堪重负。

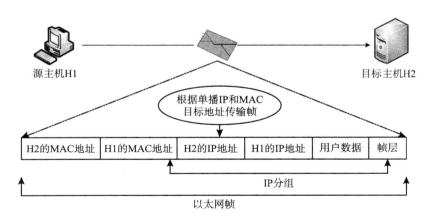

图 4.5　单播 IP 分组

（2）多播。

主机之间"一对一组"的通信模式，加入了同一个组的主机可以接收到此组内的所有数据，网络中的交换机和路由器只向有需求者复制并转发其所需数据。主机可以向路由器请求加入或退出某个组，网络中的路由器和交换机有选择地复制并传输数据，即只将组内数据传输给那些加入组的主机。这样既能一次将数据传输给多个有需要（加入组）的主机，又能保证不影响其他不需要（未加入组）的主机的其他通信。IP 网络的多播一般通过多播 IP 地址来实现，图 4.6 所示的是一个多播 IP 分组。

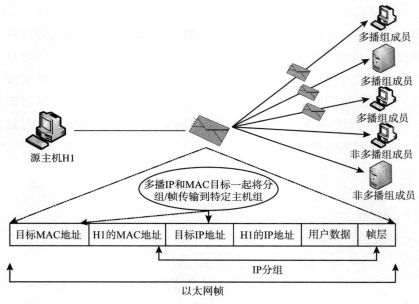

图 4.6　多播 IP 分组

多播地址让源设备能够将分组发送给一组设备。属于多播组的设备将被分配一个多播组 IP 地址，多播 MAC 地址以 6 个十六进制值打头，余下的 6 个十六进制位根据 IP 多播组地址的最后 23 位转换得到。

（3）广播。

主机之间"一对所有"的通信模式，网络对其中每一台主机发出的信号都进行无条件复制并转发，所有主机都可以接收到所有信息（不管客户端是否需要），由于其不用路径选择，所以其网络成本可以很低廉，有线电视网就是典型的广播型网络。在数据网络中也允许广播的存在，但其被限制在二层交换机的局域网范围内，禁止广播数据穿过路由器，防止广播数据影响大面积的主机。

　　图4.7所示的是一个广播IP分组，在以太网帧中，必须包含与广播IP地址对应的广播MAC地址。在以太网中，广播MAC地址长48位，其十六进制表示为FF－FF－FF－FF－FF－FF。

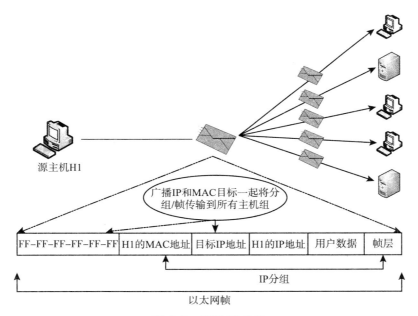

图4.7　广播IP分组

　　在协同工艺设计系统中，为了实现多个用户之间的协同，需要将数据传给多个协同用户，因此需要采用多播的通信方式。只要通信客户端加入同一个多播组，这样相同的信息只需要一个数据包便可以传递给所有的组内协同用户，极大地提高了网络带宽利用率。

4.3.3　基于消息的数据通信机制

协同工艺设计与管理系统的同步是通过各协同用户之间的消息通信实现的。消息是对用户数据的应用层封装，是协同工艺设计与管理系统的基本通信单元。根据消息正文内容的不同，协同工艺设计系统的通信消息分为即时通信消息和协同应用消息两种。

即时通信消息是与协同工艺设计系统协作层功能相关的通信消息，它定义了各协作站点为完成一项共同的任务相互间进行协调交流的语言。它与具体的协同应用无关，包括用户认证、共享白板和多媒体音视频交流等。

协同应用消息是与协同工艺设计与管理系统应用层功能相关的通信消息，在协同应用程序的应用层功能模块之间交换，与协同的应用有关，因此本节主要研究协同应用消息的通信问题。

（1）网络消息的基本结构。

在协同工艺设计系统的通信方法中，网络消息中消息信封、消息头和消息体三部分代表的含义[95]如下。

- 消息信封

消息信封包装消息体和消息头，其参数及含义如表 4.1 所示。

表 4.1　协同工艺设计系统中消息信封的主要参数及含义

消息信封的主要参数	含　义
To	接收消息的协同用户主机地址
From	发送消息的协同用户主机地址
Message ID	通信消息标识
Timestamp	通信消息的时间戳
Encoding	消息头和消息体的字符编码方式
Encrypted	消息头和消息体的加密方式
Message	消息头

- 消息头

消息头表示描述消息体数据的信息，如消息体的属性信息等。消息头是可选的，如果选择消息头，则必须在消息信封标签的下一个元素。消息头包含参数及含义如表 4.2 所示。

表 4.2　协同工艺设计系统中消息头的主要参数及含义

消息头主要参数	含义
Sender	发送消息的协同用户标识
Receiver	接收消息的协同用户标识
Type	消息类型
Performative	通信行为类型
Ontology	消息正文本体论
Language	消息正文的表示语言
Content	消息体

- 消息体

消息体包含了消息的有效部分。一般来说，消息体里的数据是给最终的消息接收者的。消息体的表示由应用程序自己定义，以下对协同应用消息进行探论。

（2）协同应用消息。

协同应用消息是与协同工艺设计系统应用层功能相关的通信消息，实现工艺设计的同步协同，通信模式如图 4.8 所示。协同应用消息依靠 IP 多播在各设计组内传递并维护各客户端操作的一致性。

根据协同工艺设计的特点，设计用于多播通信的协同工艺设计系统的消息表达方式。首先自定义可序列化的消息基类，包括消息目标 IP、传输消息类型和消息正文属性，然后由消息基类派生具体的网络消息类，然后进行 XML 序列化封装为网络流，最后利用 IP 多播发送数据。当协同组内其他客户端接收到协同应用消息后，经反序列化并根据规则解析消息类信息，从而得到协同应用交换消息。具体实现过程如图 4.9 所示。

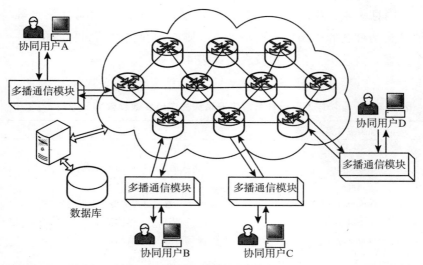

图 4.8　协同工艺设计的通信模式

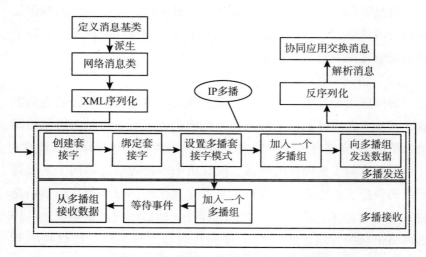

图 4.9　协同工艺设计中应用消息的实现过程

4.4　同步协同工艺设计的会话管理方法

在协同工艺设计与管理系统中，应用会话管理的方法[96]实现协同小组成员之间的交流、工序内容的设计与修改。所谓会话是指用户在客户端与服务器端进行多次交互，最后退出应用系统的过程。

工艺协同设计系统中，将在工艺协同设计过程中负责在会话服务器上创建会话的协同工艺人员作为主管工艺员，负责管理会话，具有会话控制权、发言控制权和访问控制权等最高权限。系统由主管工艺员和若干协作人员节点所组成，协同工艺人员与其他协同人员交换信息。会话管理服务器的 IP 是公开的，它是整个工艺协同设计的接入点。

同步协同工艺设计的系统是由一个集中的会话管理者和若干协作节点所组成，会话管理者负责会话管理工作。会话管理服务器主要管理协作者、会话以及会话的口记，并不涉及执行或发送工艺规程的编辑操作，只是与一个用户加入或离开会话时有关。在协同工艺编制系统中，主管工艺员负责在会话服务器上创建和管理会话。协作工艺成员节点主要负责与会话服务器的接洽，与其他协作节点交换信息。

工艺协同设计的会话管理是指会话管理员对从会话创建到会话结束的全过程的所有操作进行控制和管理，包括会话创建、加入会话、发言权控制、用户登录与退出等操作。创建会话的用户被定为该会话的会话管理员，有权关闭会话，其他用户只有加入会话、申请发言权或退出会话的权限。在协同工艺设计与管理系统中，主管工艺员具有创建和关闭会话的权限，其他协同工艺人员只具有加入会话、申请发言权和退出会话的权限，并且在加入会话和申请发言权的时候必须得到主管工艺员的同意。若其他协同用户退出会话时，若该用户拥有发言权，则需要释放发言权，但是会话不会终止；若该用户没有发言权，则可以直接退出会话即可。

发言权控制包括获取发言权和释放发言权。其他用户请求获得发言权，若当前发言权的状态为空，则可获得发言权。在操作之后，要释放发言权以便其他用户获得。本书采用令牌控制机制，除了主管工艺员外，其他用户必须在获得令牌后才能进行发言，发言结束之后需要主动释放令牌。

4.5　同步协同工艺设计的控制方法

同步协同工艺设计的系统是针对数据库开发的，从工艺管理体系可知，一份工艺文件只有具有主管工艺员角色的技术人员才具有修改、删除、保存的权限，虽然工艺协同编制系统中其他用户也可以打开游览、修改工艺文件，但除主管工艺员以外，其他用户都不能对修改加以保存，这样是为保证数据的安全性。但是，工艺协同编制系统是一个多用户、多群体的协同系统，在协作过程中，很可能由于协作成员的并发操作，在工艺协同设计的环境中，多个协同用户需要对同一份工艺文件进行操作，如浏览、修改、更新等，使得客户端的协同过程处于不稳定的紊乱状态，这样工艺协同编制永远也达不到一致的效果，因此必须建立有效的协同编制控制机制。

并发控制的目的是保证在共享资源出现并发的访问情况下，仍然能够得到所期望的结果。传统的并发控制方法有：串行化方法[97]和加锁[98-99]。

串行方法的基本思想是：将用户的每个操作均当成分布式系统的一个事件，系统按照某种方式在这些事件之间定义一种全局序，然后按照此全局序在各节点处执行这个操作。这样在所有节点处，所有的操作都依照同一顺序。

加锁方法的基本思想是：事务对任何数据的操作都必须先申请

该数据的锁，只有获得锁并加锁成功以后，才可以对数据项进行操作。操作完成后，要释放已获得的锁，通过锁的共享及排斥特性，实现事务的可串行化调度。加锁方法实际上是通过将对共享对象的修改访问权限在某段时间内授予某唯一的访问者，以使对共享对象的访问得以串行化，从而保证数据的一致性。

因此，本书采用加锁的方法实现工艺协同设计过程中的并发控制。

从加锁的粒度看，若锁的粒度过小，需要加锁的对象就增多，可容纳的并发用户也随之增多，但系统需要大量的开销来对锁进行维护。反之，若锁的粒度过大，系统的开销也将随之减小，但并发用户的数量也相应减少，并发性也将降低。在工艺协同设计时，一般情况下都是对工艺规程的工序进行修改，将工序作为缺省的加锁对象，但也可根据实际情况调整锁的粒度。

4.6　同步协同工艺设计流程示例

通过上述对同步协同工艺设计实现方法的分析，以曲轴的工艺设计过程为例，说明工序内容改变时协同用户之间的数据交换方式。某协同工艺人员 B 认为曲轴工艺卡片中第 6 道工序为精车右端轴径，内容不详尽，没有给出精度，将其补充为夹左端，顶右端中心孔，精车右端轴径 $\varphi 95\mathrm{mm}$，长度尺寸至 $85\mathrm{mm}$，保曲拐端面 $60\mathrm{mm}$ 尺寸。其具体的实现流程如下：

（1）由负责进行曲轴工艺设计的协同工艺人员 A 连接服务器，创建会话，则设定 A 为主管工艺员；

（2）协同工艺人员 B 请求加入会话，在主管工艺员同意后加入该会话，可以打开需要设计的工艺文件；

（3）协同工艺人员 B 申请获取发言权，得到发言权后，则可对某工序进行修改操作；

（4）协同工艺人员 B 在对工序进行修改的过程中，该工序被加锁，修改完成后则可释放锁；

（5）修改完成后，修改的内容被写成消息的形式，通过网络传送给其他协同用户端，其他用户端在收到消息后进行解释，便实现了修改内容的同步实时更新。

在上述步骤中，消息内容的格式和更改工序的消息具体内容分别如图 4.10 和图 4.11 所示。

消息的结构采用 DTD 文件描述，对消息的内容进行结构化定义，然后得到消息的具体内容。在网络传输后，其他协同用户便显示了工序 6 的修改内容。只传输修改的内容，而不是将整个工艺规程进行传输，有效地实现了工艺的协同设计。

```
<?xml versioin="1.0" encoding="gb2312"?>
<!DOCTYPE 协同工艺编制[
<!ELEMENT 协同工艺编制(零件信息，设计信息.)>
<!ELEMENT 零件信息.(零件名称，零件图号，……)>
<!ELEMENT 零件名称(#PCDATA)>
<!ELEMENT 零件图号(#PCDATA)>
……
<!ELEMENT 设计信息(工序号，工艺设计人员)>
<!ELEMENT 工序号(#PCDATA)>
<!ELEMENT 工艺设计人员(编号，姓名，角色，操作日期，操作说明，……)>
<!ELEMENT 编号(#PCDATA)>
<!ELEMENT 姓名(#PCDATA)>
<!ELEMENT 角色(#PCDATA)>
<!ELEMENT 操作日期(#PCDATA)>
<!ELEMENT 操作说明(#PCDATA)>
……
]>
```

图 4.10　工艺信息修改的 DTD 描述

```
<?xml versioin="1.0" encoding="gb2312"?>
<!DOCTYPE 协同工艺编制 SYSTEM"processplanning.dtd">
<零件信息>
<零件名称>曲轴</零件名称>
<零件图号>lx1200-0210</零件图号>
……
<零件信息>
<设计信息>
<工序号>6</工序号>
<工艺设计人员>
<编号>A158</编号>
<姓名>王琳</姓名>
<角色>主管工艺员</角色>
<操作日期>2009-12-5</操作日期>
<操作说明>夹左端，顶右端中心孔，精车右端轴径φ95mm，长度尺寸至 85mm，保曲
拐端面 60mm 尺寸</操作说明>
……
<工艺设计人员>
……
<设计信息>
……
```

图 4.11　工艺信息修改的 XML 描述

第5章

协同工艺设计中虚拟团队的
组建与任务分配

在应用上一章中的工作流技术对协同工艺过程进行管理的时候，首先需要解决协同工艺设计的虚拟团队的组建和任务分配问题，即选择工艺设计中的合作人员，组建虚拟团队，团队中的成员共同完成工艺设计任务，这也体现了协同的特征，并将工艺设计任务分配给各成员，然后开始进入协同工艺设计阶段，这样才能使工作流运转起来。虚拟团队的组建和任务分配是协同工艺设计与管理的基础和关键技术。

协同工艺设计的本质就是多个人合作完成一项共同的任务，工艺设计任务的执行必须考虑人（工艺设计人员）的因素。工艺设计人员来自不同的工作环境，每个人的经历不同，工作方式不同，最为关键的是具有不同的设计能力。因此，为了保证产品协同工艺设计过程中各阶段设计活动的质量与效率，必须尽可能地选择最优的具有网络化协同工艺设计能力的人员，组建虚拟团队，协同完成工艺设计任务。

组建了协同工艺设计的虚拟团队之后，需要将任务分配给合适的团队成员完成。为了保证产品协同工艺设计过程中工艺任务分配的合理性及最优性，需要选择科学合理的任务分配方法。因此，本章主要探讨网络化制造模式下，面向协同工艺设计的虚拟团队组建和任务分配的方法。

5.1　面向协同工艺设计的虚拟团队组建的相关问题

在分析虚拟团队的概念及内涵的基础上，通过制定科学合理的组建原则明确虚拟团队的目的，同时通过对虚拟团队组建目的的分析，设计并梳理组建流程，在此基础上通过进一步的选择方法甄选符合要求的虚拟团队成员。

5.1.1　虚拟团队概述

5.1.1.1　虚拟团队的概念和内涵

虚拟团队[100-102]是为满足组织快速协调各地区成员的迫切需要而产生的，伴随着通信网络和信息管理技术的迅速发展，团队的组织管理模式形成新的发展方向，即团队虚拟化的模式，虚拟团队是继虚拟组织、虚拟企业等概念后出现的新管理模式概念。

虚拟团队的构建思想基础是基于动态联盟和虚拟企业，它是执行动态联盟或虚拟企业特定任务的网络型团队，但它与通常所说的网络组织相比，其人员更精炼，对市场反应速度更快。虚拟团队是跨部门或跨组织边界，由核心与知识或技能互补成员构成，发掘新想法，并组织成员达到知识、经验的共享和项目集成的动态调整，在学习与创造中实现组织目标。

虚拟团队以网络型的组织团队替代固定的部门或职位，团队是配合完成任务和流程而组成的，团队成员依其专长（而非职务）和任务的需要而自主构成。作为一个企业，必须要提高自己的研究、生产、销售、服务等方面的综合能力，最大限度地降低成本，追求效益最大化。虚拟团队正是遵循这种企业理念和原则，在知识经济时代企业运作规则的要求下，试图营建一种更精辟、更灵活的操作机构。虚拟团队的组建有其技术性、资源性、市场性、战略性等方面的需要，面向不同的需要，可以组建不同的虚拟团队完成最终的任务。

基于上述的分析，虚拟团队是由一些跨越地区界限及组织界限的成员组成，充分利用计算机技术和互联网技术等通信和信息技术的联结，密切协作以完成任务的一种组织形式。这个团队的成员可能来自同一部门，也可能来自不同部门不同组织，甚至不同国家，人员是虚拟团队的最重要因素。

综合相关的研究，虚拟团队的内涵归纳如下：

（1）协作性。

团队成员是虚拟团队的核心，为了更好更有效地实现虚拟团队的目标，团队成员必须进行分工与协作，共同形成一个产出，这是虚拟团队的集成特征。

（2）组织边界模糊性。

虚拟团队的构建有两种形式：一是企业内部虚拟团队，它是由跨职能部门人员组成；二是跨企业边界的虚拟团队。在一个快速变化的动态竞争环境里，保持一种充满活力和灵活性的正式与非正式关系，构成了一种柔性创新组织的综合体，具有信息共享、资源互补、聚集竞争优势，这种安排相对于缺乏弹性的垂直一体化安排更有效率，对环境变化具有更强的适应能力。随着知识经济和网络技术的发展，虚拟团队已经突破了人才的单位属性、地域属性。依靠便捷的网络系统，完全可以实现人才的跨地域、跨行业、跨领域的协作，做到"不求所有，但求所用"。

（3）有明确的共同目标。

这是组建虚拟团队的原因。虚拟团队要制定自身的战略与目标，目标必然要分解细化为计划，虚拟团队是实现组织目标的手段。

（4）资源整合。

虚拟团队的各成员企业具有互补的核心能力，资源的整合突破了单个企业自身能力与资源条件的限制，使虚拟团队的目标在更高水平上得以实现，产生虚拟团队层面上的效率和结果。

（5）虚拟化。

虚拟团队由来自不同职能部门、不同地区、不同企业甚至不同国家的成员所组成，他们各自在不同的工作场所完成任务，即使成员在同一地点工作，在时间上也会受到影响。

5.1.1.2 虚拟团队和传统团队的区别

虚拟团队是在传统团队的理论基础上发展起来的，作为一种新的组织形态，虚拟团队具有不同于传统团队的特性，因此，从团队成员、沟通、组织以及管理四个方面的要素分析虚拟团队与传统团队间的区别，如表5.1所示。

表5.1　　　　传统团队与虚拟团队之间的区别

	传统团队	虚拟团队
成员要素	成员相对比较稳定，在组织中扮演固定角色，相同的或互补的文化教育背景，地理位置接近，不参与决策	成员流动性强，可能扮演多重角色，文化或教育背景差异较大，地理位置分散，参与决策或自主决策
沟通要素	以面对面沟通方式为主，呈链型的沟通结构形式	以电子沟通方式为主，呈网络型的沟通结构形式
组织要素	组织结构垂直化，边界明确，存在时间中长期，对外部反应相对比较迟缓	组织结构扁平化，边界模糊，存在时间短，具有高度的灵活性、动态性
管理要素	管理者通过对任务的进程进行监控，实行监督式职能管理；基于知识、技术的报酬体系	管理者通过对成员进行指导和培训，充分授权，实行柔性化自我管理；基于胜任的报酬体系

5.1.1.3 虚拟团队的类型

（1）根据工作性质以及特征，可以将虚拟团队分为以下七种类型。①网络型虚拟团队。由有着共同组织目标的人组成，团队和组织边界模糊，团队成员流动性较高，个体成员甚至难以意识到网络中的所有个人、团队或组织。②并行式虚拟团队。团队成员构成、组织边界明确，表现为在短期内为完成特定的任务或职能而构建的临时性组织，任务完成后即告解散。③项目或产品开发团队。在规定的期限内以项目需求为导向，团队成果是具体的、可计量的，团队界限明确，团队成员相对稳定。④工作或生产团队。团队界限明确，团队成员构成明确且与组织中的其他人截然区分，完成常规的、单一功能的任务。⑤服务团队。由提供网络维护、技术支持的跨地域专家组成，通过虚拟网络环境协同工作。⑥行动团队。旨在对紧急情况及突发事件采取快速反应行动，团队成员具有一定的流动性，团队的边界明确。⑦管理团队。由高层管理人员组成，利用网络信息技术协同日程工作，以指导公司愿景以及战略目标的实现。

（2）依据时空和组织的边界，虚拟团队可以被划分为四种类型：一种传统形式的团队和三种虚拟形式的团队。这些虚拟形式的团队分别是：①定点跨组织团队，由同一地点工作、分属不同组织的成员组成。②分散性团队，由在不同定点、同一组织内工作的人组成，其工作内容可以相互依存，也可以相互分离。③分散型跨组织团队，分散型跨组织团队由来自不同组织、不同地点的员工组成。

（3）依据存续时间的长短，可以将虚拟团队划分为两种类型。①临时性团队。这种类型的团队以任务和目标为导向，任务完成之后即宣告解散。②永久性团队。这种类型的团队长期存在，工作、生产团队、管理团队或服务团队永久存在。

（4）以组建目的为依据，根据团队组建的目的可将其分为功能型、问题解决型和学习型虚拟团队。功能型团队是指为执行组织某项具体功能而组建的虚拟团队，例如：产品的研发、设计、生产和销售。问题解决型是指为了解决某一难题或者处理突发事件而建立的虚拟团队。学习型虚拟团队是指以提升适应力和变革能力为目标，将团队学习作为固定机制进而把工作和学习两者有机结合的团队。

（5）依据工作内容，可以分为基于项目的虚拟团队、基于产品的虚拟团队以及基于服务的虚拟团队。基于项目的虚拟团队是任务导向型的合作组织，它能充分发挥各成员的资源优势，减少基础设施的投资和各种成本投入，项目完成后，团队可自行解体。它的目的在于让成员共同承担高额投资、分散风险、降低成本。基于产品的虚拟团队是根据市场预测，提出产品方案或对外承担产品生产任务，按照产品研究开发、制造、市场投放的任务分工，按照优中选优的外部资源利用原则，从设计到投放市场由分布在不同区域的成员协同完成，这是一种分布式集成和分布式作业协同工作。基于服务的虚拟团队，是服务性组织通过网络化组合，发挥远程通信设施和信息技术的功能，为社会提供各种信息产品或虚拟信息服务产品。这种虚拟服务团队，可以大大提高整体社会服务功能，降低服务成本和社会服务的机会成本。

5.1.2　协同工艺设计中组建虚拟团队的必要性

在协同工艺设计中组建虚拟团队，建立协同工艺设计小组，是由协同工艺设计的本质所决定的，也是计算机支持的协同工作的具体体现。

工艺设计是连接设计和制造的桥梁，并与生产管理等密切相关，存在着大量的协同工作。网络化制造模式下的工艺设计迫切需要工艺设计系统提供协同平台，以支持企业工艺设计以及与其他业务过程的协同运作。

协同工艺设计就是试图通过在网上建立一个具有群体性、交互性、分布性和协作性的人机网络工作环境，来协助多个地理上分散的工艺设计团队成员对整个产品工艺的共同设计。

在协同工艺设计中，两个或者两个以上来自不同专业领域的人员，通过一定的信息交换和相互协同机制分别完成各自的协作任务，以实现协同工艺设计的共同的设计目标。其实质在于，通过交换共享关于产品工艺设计的信息和知识，从而提高产品工艺设计过程中决策的正确率，减少返工次数，加速工艺决策的过程，进而提高工艺设计的效率。

通过上述对协同工艺设计本质的分析，在协同工作的环境下，只有建立虚拟团队，确定团队中的成员，这些成员才能够一起工作实现工艺设计的最终目标。组建虚拟团队也是协同工艺设计工作的开始与基础，是启动工艺工作流管理系统，进行工艺设计全过程管理的关键。

5.1.3　虚拟团队组建的原则

虚拟团队成员的良态组合是虚拟团队建设的重要基础性工作。因此，虚拟团队组建问题也就是虚拟团队中成员的选择问题。

虚拟团队是一种对市场需求做出快速反应、迅速占领市场的新的企业组织形式，它是由两个以上的成员组成的在有限的时间和范围内进行合作的相互信任、相互依存的组织，这种关系是一种追求互惠互利合作的竞争关系，其主要表现在以外部企业为代表的功能虚拟化，以扁平的动态网络为代表的组织虚拟化，以跨地域为特色的地域虚拟化。

面向协同工艺设计的虚拟团队组建的标准和原则，通过归纳可以概括为以下几个方面。

（1）核心能力综合最优原则。

要求参加虚拟团队的成员必须能够满足虚拟团队的业务需要，其核心能力又是所需要的，从而避免重复投资，降低虚拟团队的学习成本。

（2）总成本最小化原则。

利润最大化是企业运作所追求的目标，虚拟团队总的实际运作成本应不大于独立个体完成全部的费用，而且通过成员的互相合作，最终能够获得 $1+1>2$ 的协调效应。

（3）反应敏捷性原则。

要求虚拟团队成员对来自外部或内部的服务请求能够快速反应，并且具有动态性和较强的柔性，以迎合和把握快速变化的市场机会。

（4）高网络化水平原则。

网络化制造模式下，虚拟团队成员之间需要通过网络进行协同，因此，要求虚拟团队成员具有较高的网络信息化水平，方便成员之间的信息交互。

5.1.4　虚拟团队组建的流程

虚拟团队在组建的过程中，主要流程包括以下九个步骤，具体流程描述如图 5.1 所示。

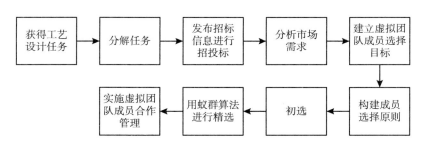

图 5.1　虚拟团队的组建流程

（1）获得工艺设计任务。

当虚拟团队的发起人获得工艺设计任务后，对市场机遇进行系统分析，从而确定虚拟团队的总体目标。

（2）分解任务。

任务的分解是虚拟团队的发起人决定的，根据工艺任务的复杂程度和经验，把总目标分解为若干子任务。

（3）发布招标信息，进行招投标。

把分解好的子任务发布到网络上，给出加工时间、成本、质量等要求。

当有能力的人在网络上看到发布的招标信息，就发出投标信息，并给出相应的能力信息评价。

（4）分析市场需求。

企业在组建虚拟团队时，要建立基于信任、合作、开放性交流的战略性伙伴关系，必须首先分析其所处的市场环境。市场分析的目的在于挖掘显性或隐性的市场需求，并从中剖析需要哪种类型的人员。

（5）建立虚拟团队成员选择目标。

影响虚拟团队成员选择的因素有很多，根据产品的制造需求，建立实质性的目标（如低成本、高效率等）。

（6）初选。

筛选明显不合格的人员，如没有能力完成相应任务的等。这部分由虚拟团队的发起人手工筛选来实现。

（7）由蚁群算法进行精选。

经过初选后，每个子任务均有几个待选人员，本书利用蚁群算法在建立的选择目标下选择最优虚拟团队成员。

（8）实施虚拟团队成员合作管理。

对已选的虚拟团队成员，本书通过建立工艺工作流管理系统对其进行统一的管理。

5.2　协同工艺设计中虚拟团队组建的实现

虚拟团队成员的良态组合是虚拟团队建设的重要基础性工作。

面向协同工艺设计的虚拟团队组建的目标是为虚拟团队选择合适的成员，共同完成工艺设计和制造任务。本书在虚拟团队成员选择问题描述的基础上，构建多目标选择模型并应用蚁群算法求解。

5.2.1　协同工艺设计虚拟团队组建问题描述

协同工艺设计虚拟团队组建问题的整个流程如图 5.2 所示，虚拟团队的发起人接到任务订单之后，进入产品的设计阶段，得到设计结果后，进入了工艺设计阶段，虚拟团队的发起人将任务分解成若干个具有一定时序关系的子任务后，选择虚拟团队的成员，组建虚拟团队进行协同工艺设计，因此，虚拟团队的组建问题也就是虚拟团队的成员选择问题。

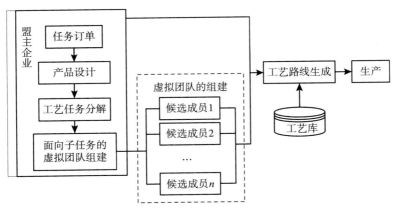

图 5.2　协同工艺设计中虚拟团队组建流程

以含有 5 个子任务的虚拟团队成员选择为例，每个子任务待选成员若干，如图 5.3 所示，其中 $n_i(i \in [1, 5])$ 是子任务，u_{ij} 表示待选择成员，i 是子任务序号，j 是子任务所对应的成员编号。

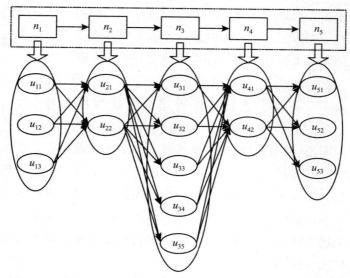

图 5. 3　协同工艺设计虚拟团队组建问题的任务与待选成员

在产品协同工艺设计的过程中，总设计任务由若干个子任务组成，每个子任务以一段路径来表示，每个子任务以节点相连接，从而构成一个协作链网络。其中，每个子任务对应的若干个候选成员，最终在综合各种因素的情况下，选出各子任务中最为适合的合作伙伴，从而构成最佳的协同工艺设计组合。

在协同工艺设计中，对虚拟团队的成员进行优化选择，在协同工艺设计过程中要考虑成员工艺设计的综合能力，本书以时间、成本、质量和成员工艺设计综合能力为主要优化目标，其中时间和成本包括工艺设计和生产两部分的时间和成本，对协同工作的每一环节进行选择的控制。

协同工艺设计虚拟团队组建模型可描述为：在由 M 个设计过程节点组成的有向设计任务图中，寻找一条同时满足周期最短、成本最低、质量最好以及生产负荷率最低的最短路径，该路径上的待选成员即为虚拟团队的成员。此问题是一个动态的多目标优化问题，采用改进蚁群优化的方法来解决协同工艺设计中虚拟团队的组建，即团队的成员选择问题。

5.2.2　协同工艺设计虚拟团队组建的模型构建

在协同工艺设计虚拟团队组建问题中，考虑四个重要的评价指标，即成本 C_{total}、时间 T_{total}、质量 Q 和成员工艺设计综合能力 A。设 C_{pr}、T_{pr} 分别表示待选成员工艺设计的成本和时间，C_{tr}、T_{tr} 分别表示运输成本和运输时间。针对上述四个目标建立优化目标函数如式（5-1）～式（5-4）所示。

$$\min C_{total} = \min(C_{pr} + C_{tr}) = \min\left(\sum_{i=1}^{s}\sum_{j=1}^{m}\frac{C_i(j) + C_{j,j+1}}{C_{i\max}} \cdot matched_{ij}\right)$$
$$(5-1)$$

$$\min T_{total} = \min(T_{pr} + T_{tr}) = \min\left(\sum_{i=1}^{s}\sum_{j=1}^{m}\frac{T_i(j) + T_{j,j+1}}{T_{i\max}} \cdot matched_{ij}\right)$$
$$(5-2)$$

$$\min Q = \min\left(\sum_{i=1}^{s}\sum_{j=1}^{m}(1 - Q_i(j)) \cdot matched_{ij}\right) \quad (5-3)$$

$$\min A = \min\left(\sum_{i=1}^{s}\sum_{j=1}^{m}(1 - A_i(j)) \cdot matched_{ij}\right) \quad (5-4)$$

其中，s、m 分别表示子任务和对应的待选企业数量，$C_i(j)$、$T_i(j)$ 分别表示待选成员 u_{ij} 对于子任务 n_i 的工艺设计和生产的成本和时间，$C_{j,j+1}$、$T_{j,j+1}$ 分别表示子任务 n_i 的成员到子任务 n_{i+1} 的成员的运输成本和运输时间，$C_{i\max}$、$T_{i\max}$ 表示待选成员完成 n_i 的最大成本和最长时间，$Q_i(j)$ 表示待选成员 u_{ij} 完成子任务 n_i 的工艺设计质量，且 $Q_i(j) \in [0, 1]$，$A_i(j)$ 表示待选成员 u_{ij} 的工艺设计综合能力，且 $A_i(j) \in [0, 1]$，$matched_{ij}$ 的含义如式（5-5）所示。

$$matched_{ij} = \begin{cases} 1 & \text{待选成员 } u_{ij} \text{ 被选择} \\ 0 & \text{否则} \end{cases} \quad (5-5)$$

最终将多目标问题转化为单目标问题，协同工艺设计中虚拟团队成员选择问题模型如式（5 - 6）所示。

$$\min F = \omega_1 \cdot C_{total} + \omega_2 \cdot T_{total} + \omega_3 \cdot Q + \omega_4 \cdot A \qquad (5-6)$$

$$\text{s. t.} \quad T_{i+1\_start} \geqslant T_{i\_start} + T_i(j)$$

$$\max \sum_{i=1}^{n} \sum_{j=1}^{m} T_i(j) \leqslant T_{ctotal}$$

$$\max \sum_{i=1}^{n} \sum_{j=1}^{m} C_i(j) \leqslant C_{ctotal}$$

其中，ω_k 为权重，且 $\sum_{k=1}^{4} \omega_k = 1$。第一个约束表示对于子任务 $n_i \rightarrow n_{i+1}$，n_{i+1} 的开始时间 T_{i+1_start} 要大于或等于 n_i 的开始时间 T_{i_start} (j) 与其加工时间之和。第二和第三个约束是对于所有的子任务，有总的时间约束 T_{ctotal} 和成本约束 C_{ctotal}。

5.2.3　基于改进蚁群算法的协同工艺设计中虚拟团队的组建

在上述数学模型的基础上，本节参考蚁群算法的寻优机理对协同工艺设计中虚拟团队组建，即团队成员选择问题进行算法设计，从而得到蚁群算法的求解流程，并对基本蚁群算法进行了改进，实现协同工艺设计中的虚拟团队组建问题。

5.2.3.1　蚁群算法的基本理论

蚁群优化（Ant Colony Optimization，ACO）算法是由意大利学者 Dorigo 等人于 20 世纪 90 年代初通过模拟自然界中蚂蚁集体寻找觅食路径的行为而提出的一种基于种群的启发式仿生进化算法[103 - 107]。觅食行为是蚁群一个重要而有趣的行为。据昆虫学家的观察和研究发现，生物世界中的蚂蚁有能力在没有任何可见提示下找出从蚁穴到食物源的最短路径，并且能随环境的变化而变化地搜索新的路径，产生新的选择。

在从食物源到蚁穴并返回的过程中，蚂蚁能够在其走过的路径上分泌一种化学物质——信息素（Pheromone），也称外激素，通过这种方式形成信息素轨迹。蚂蚁在运动过程中能够感知这种物质的存在及其强度，并以此指导自己的运动方向，使蚂蚁倾向于朝着该物质强度高的方向移动。信息素轨迹可以使蚂蚁找到它们返回食物源（或者蚁穴）的路径，其他蚂蚁也可以利用该轨迹找到由同伴发现的食物源的位置。

很多蚂蚁种族在觅食时都有设置踪迹和追随踪迹的行为：在从某个食物源返回蚁巢的过程中，蚂蚁会遗留一种信息素。觅食的蚂蚁会跟随这个踪迹找到食物源。一只蚂蚁进军食物源收到另一只蚂蚁或者信息素踪迹的影响过程称为征兵，而仅仅依靠化学踪迹的征兵叫作大规模征兵。

事实上，蚂蚁个体之间是通过接触提供的信息传递来协调其行动的，并通过组队相互支援，当聚集的蚂蚁数量达到某一临界数量时，就会涌现有条理的"蚁队"大军。蚁群的觅食行为完全是一种自组织行为，蚂蚁根据自我组织来选择去食物源的路径，所以蚂蚁的觅食行为，我们也称之为自组织行为。

（1）转移规则。

状态转移概率在蚂蚁算法中是一个至关重要的因素，是人工蚂蚁在移动过程中寻优得以体现的根本。基本蚁群算法中，只考虑到两个方面，即信息素轨迹强度和启发式信息，它们分别以一定的权重影响着转移概率的值。

在蚁群算法中，定义蚂蚁的状态转移概率为 P_{ij}^h，它表示 t 时刻蚂蚁 h 由节点 i 转移到节点 j 的概率，如式（5-7）所示。

$$P_{ij}^h = \begin{cases} \dfrac{[\tau_{ij}(t)]^\alpha \cdot [\eta_{ij}(t)]^\beta}{\sum\limits_{s \in allowed_h} [\tau_{ij}(t)]^\alpha \cdot [\eta_{ij}(t)]^\beta}, & j \in allowed_h \\[4mm] 0, & 否则 \end{cases} \qquad (5-7)$$

式中，$allowed_h$ 表示蚂蚁 h 下一步允许选择的节点集合。

τ_{ij} 是节点 i 到节点 j 的边的信息素强度，它反映的是蚁群在这条边上先验的经验，是蚁群在寻优过程中所积累的信息量（即残留信息量），是全局的信息。

η_{ij} 是节点 i 到节点 j 的边的能见度，它只考虑边上的本地信息，它反映的是蚂蚁在运动过程中的启发信息。

α 为信息启发式因子，表示轨迹的相对重要性，反映了蚂蚁 h 在运动过程中所积累的信息在蚂蚁运动时所起的作用。

β 为期望启发式因子，表示能见度的相对重要性，反映了蚂蚁在运动过程中启发信息在蚂蚁选择路径中的受重视程度。

为每只蚂蚁设计一个禁忌表 $tabu_h$，$h \in [1, 2, \cdots, m]$（m 是蚂蚁的数量）记录在 t 时刻蚂蚁 h 当前已走过的节点，集合随着 $tabu_h$ 进化过程作动态调整，直到本次循环结束，目的是防止该蚂蚁在本次循环中重复经过。本次循环结束后禁忌表被清空。

蚁群算法的全局寻优性能，首先要求蚁群的搜索过程必须有很强的随机性，而蚁群算法的快速收敛性能，又要求蚁群的搜索过程必须要有较高的确定性。两者对蚁群算法性能的影响和作用是相互配合、密切相关的。因此，转移规则就是寻找随机性和确定性之间的平衡。

（2）信息素更新规则。

为了对后续的搜索提供有效的信息，避免残留信息素过多而引起残留信息淹没启发信息，每只蚂蚁走完一步或者完成对所有节点的遍历后，要对残留信息进行更新处理。在 $t + n$ 时刻，节点 i、j 路径 (i, j) 上的信息素更新规则如式（5-8）和式（5-9）所示。

$$\tau_{ij}(t + n) = (1 - \rho)\tau_{ij}(t) + \Delta\tau_{ij}(t) \qquad (5-8)$$

$$\Delta\tau_{ij}(t) = \sum_{h=1}^{m} \Delta\tau_{ij}^{h}(t) \qquad (5-9)$$

式中，ρ 为信息素挥发因子，且 $\rho \in [0, 1]$；

$\Delta\tau_{ij}(t)$表示本次循环中路径(i, j)上的信息素增量，初始时刻$\Delta\tau_{ij}(0) = 0$；

$\Delta\tau_{ij}^h(t)$表示第h只蚂蚁在本次循环中留在路径(i, j)上的信息量。

根据信息素增量设计的不同，基本蚁群算法有三种不同的模型，分别是蚁周系统（ant-cycle system）、蚁量系统（ant-quantity system）、蚁密系统（ant-density system）。三种系统信息素增量表达式如式（5 – 10）~（5 – 12）所示。

在蚁周系统模型中：

$$\Delta\tau_{ij}^h(t) = \begin{cases} \dfrac{Q}{F_h}, & \text{若第 } h \text{ 只蚂蚁在本次循环中经过节点 } i, j \\ 0, & \text{否则} \end{cases}$$

$$(5 - 10)$$

其中，Q是常数，表示信息素强度，F_h表示第h只蚂蚁在本次循环中的选择所有节点的目标函数值。

在蚁量系统模型中：

$$\Delta\tau_{ij}^h(t) = \begin{cases} \dfrac{Q}{F_{ij}}, & \text{若第 } h \text{ 只蚂蚁在本次循环中经过节点 } i, j \\ 0, & \text{否则} \end{cases}$$

$$(5 - 11)$$

其中，F_{ij}是第h只蚂蚁经过节点i、j的目标函数值。

在蚁密系统模型中：

$$\Delta\tau_{ij}^h(t) = \begin{cases} Q, & \text{若第 } h \text{ 只蚂蚁在本次循环中经过节点 } i, j \\ 0, & \text{否则} \end{cases}$$

$$(5 - 12)$$

在蚁量系统模型、蚁密系统模型中利用的是局部信息，即蚂蚁完成一步后更新路径上的信息素；而蚁周系统模型中，利用了整体信息，即蚂蚁完成一个循环后更新所有路径上的信息素，求解性能较好。因此，蚁周系统模型通常被作为蚁群算法的基本模型。

5.2.3.2　虚拟团队组建问题的蚁群算法设计

在协同工艺设计的虚拟团队组建问题中，子任务 n_i 的所有待匹配成员 u_{ij} 构成了团队成员选择的求解空间，每个子任务的待选成员都是连续的子集，在蚁群算法的每次迭代中，蚂蚁只能朝着固定的目标点进行移动。

在初始子任务的前面增加虚拟起始点 vStart，代表的子任务执行时间为零，子任务的执行必须从 vStart 开始。初始时刻放置 m 只蚂蚁在 vStart 节点上，然后 m 只蚂蚁开始分别寻径，在每个任务环节挑选一个成员，当所有蚁群均走完全部的任务环节，形成一条由 m 个子任务的成员组成的集合。

（1）虚拟团队组建的规则。

蚂蚁 $h(h = 1, 2, \cdots, m)$ 在寻优的过程中，根据各条边上的信息素量决定转移方向，蚂蚁每经过一个待选成员，就将该成员选作完成相应子任务的团队成员。蚂蚁在子任务 n_i 的待选成员 u_{ij} 到下一个子任务 n_{i+1} 的待选成员 $u_{i+1,k}$ 的有向线段 (j, k) 上残留的信息素为 $\tau_{jk}(t)$。$P_{jk}^h(t)$ 是蚂蚁 h 在第 t 次遍历选择成员 $u_{i+1,k}$ 的概率。状态转移概率公式如式（5–13）所示。

$$P_{jk}^h(t) = \begin{cases} \dfrac{[\tau_{jk}(t)]^\alpha \cdot \left[\dfrac{1}{F_{jk}}\right]^\beta}{\displaystyle\sum_{s \in allowed_h} [\tau_{js}(t)]^\alpha \cdot \left[\dfrac{1}{F_{js}}\right]^\beta}, & k \in allowed_h \\ 0, & \text{否则} \end{cases} \quad (5-13)$$

其中，$allowed_h$ 表示蚂蚁 h 在子任务 n_{i+1} 允许选择的待选成员集，$1/F_{jk}$ 表示启发函数，F_{jk} 定义为子任务 u_{ij} 到 $u_{i+1,k}$ 的目标函数值，α 表示信息启发式因子，β 表示期望启发式因子。

（2）信息素更新策略。

信息素更新是蚁群算法的重要步骤。由于蚂蚁每次迭代得到的可行解并不一定是最优解，因此当这个可行解不是最优解时，对蚂蚁遍历过的边只增加少量的信息素，而可行解是最优解时，则增加较多的信息素[108]。

● 可行解不是最优解，蚂蚁遍历过的边上信息素的增量按式（5 - 14）进行更新。

$$\Delta\tau_{jk}(t) = \Delta\tau_{jk}(t) + A\tau \qquad (5-14)$$

其中 $A\tau$ 为一个较小的常量。

● 可行解是最优解，蚂蚁遍历过的边上信息素的增量按式（5 - 15）进行更新。

$$\Delta\tau_{jk}(t) = \Delta\tau_{jk}(t) + \frac{Q}{L_h} \qquad (5-15)$$

其中 Q 是常数，表示信息素强度，L_h 表示蚂蚁 h 遍历一次选择的匹配企业的目标函数值。当蚂蚁一次遍历结束后，需要按式（5 - 16）对信息素 $\tau_{jk}(t+1)$ 进行更新。

$$\tau_{jk}(t+1) = (1-\rho)\tau_{jk}(t) + \Delta\tau_{jk}(t) \qquad (5-16)$$

其中，ρ 表示信息素挥发系数，且 $\rho \in [0, 1]$。

为防止蚁群算法陷入局部最优，引入对 ρ 采取自适应控制[109-110]的策略。当连续几代最优蚂蚁搜索得到的路径相同时，算法即陷入了局部收敛，按式（5 - 17）对 ρ 作自适应调整。

$$\rho(t+1) = \begin{cases} 0.9 \cdot \rho(t), & 0.9 \cdot \rho(t) > \rho_{\min} \\ \rho_{\min}, & 否则 \end{cases} \qquad (5-17)$$

其中，$\rho_{\min}$ 表示 ρ 的最小值，0.9 表示挥发约束系数。

（3）限定信息素范围。

为了避免蚁群算法应用过程中易出现的停滞问题，将寻优路径 u_{ij} 到 $u_{i+1,k}$ 上的信息素 τ_{jk} 始终限制在最大值与最小值之间[111]，即对任一路径有 $\tau_{\min} \leqslant \tau_{jk} \leqslant \tau_{\max}$。综上所述，信息素更新策略如式（5 - 18）所示。

$$\tau_{jk}(t+1) = \begin{cases} \tau_{\min}, & \tau_{jk}(t) \leqslant \tau_{\min} \\ 式（5-14）, & \tau_{\min} \leqslant \tau_{jk}(t) \leqslant \tau_{\max} \\ \tau_{\max}, & \tau_{jk}(t) \geqslant \tau_{\max} \end{cases} \qquad (5-18)$$

5.2.3.3　基于蚁群算法的虚拟团队组建流程

根据上述规则，可得到协同工艺设计中虚拟团队组建，即虚拟团队成员选择问题的改进蚁群算法求解流程，以子任务作为基本寻优单元，为每个子任务选择人员，具体步骤如下：

步骤 1：初始化

令 NC = 0，每条边上的 $\tau_{jk} = \tau_0$，并且 $\Delta\tau_{jk}(t) = 0$；

步骤 2：蚁群集中于虚拟初始点 S；

步骤 3：从 $h = 1$ 到 m，执行；

第 h 个蚂蚁寻径，在每个任务环节挑选一个团队成员，直到走完所有任务环节，形成每个子任务对应的团队成员；

步骤 4：计算蚂蚁 h 的状态转移概率，选择第 i 个子任务的团队成员，并将该节点存入 $Tabu_h$ 表中，直到选择完所有子任务的团队成员；

步骤 5：计算第 h 个蚂蚁对于每个子任务形成的合作伙伴集的目标函数，并判断其最优性；

步骤 6：假如满足本次迭代的结束条件，即 $h = m$，则跳出本次循环，否则，跳转到步骤 4；

步骤 7：计算本次迭代的最好解；

步骤 8：按照改进的信息素更新规则、更新信息素；

步骤 9：假如满足算法的停止条件，即最大循环次数 $NC = NC_{\max}$，则停止算法的执行，否则，跳转到步骤 3。

基于上述实现步骤，改进蚁群算法求解协同工艺设计中虚拟团队成员选择问题的算法流程框图如图 5.4 所示。

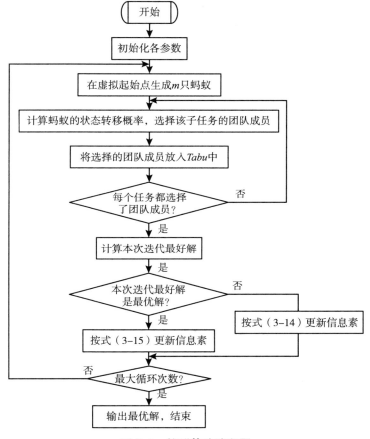

图 5.4　蚁群算法流程图

5.2.4　虚拟团队组建的实例仿真

沈阳鼓风集团有限公司（简称沈鼓集团）是沈阳通用机械产业中的骨干企业，是国家大型骨干企业。企业的主导产品为离心压缩机、离心鼓风机、大型通风机。因为接到一个紧急的离心式压缩机订单，离心压缩机包括了主轴、三元叶轮、膜片式联轴器等部件的设计和生产。在工艺设计的过程中，由于工艺室没有足够的人力完成以及部分任务的工艺复杂性，需要临时招聘有设计能力的人员来组建虚拟团队进行协同工艺设计，以完成此项任务。企业基于 Web 进行招标，通过构建 B/S 结构下的虚拟团队成员选择系统，实现待选成员信息的收集，并采用改进蚁群算法解决协同工艺设计中虚拟团队成员选择，组建虚拟团队问题。

在开发离心式压缩机时，需要组建虚拟团队进行协同工艺设计的子任务的具体内容如表 5.2 所示。

表 5.2　　　　　　　　　协同子任务内容表

任务	内容
n_1	大流量三元叶轮系列开发
n_2	膜片式联轴器开发
n_3	新型高速节能轴承开发
n_4	离心式鼓风机焊接机壳系列开发
n_5	齿轮增速机机壳开发

对于上述子任务，候选成员数量分别为 3，4，2，3，4，从质量 Q、成本 C_{total}、时间 T_{total} 和成员工艺设计综合能力 A 这 4 个角度评价各待选企业，且上述参数各个权重由层次分析法计算得出，分别为 0.42、0.31、0.16、0.11。各待选成员承诺的各种参数如表 5.3 所示。

表 5.3　　　　　　　　　候选成员的相关参数

子任务	候选成员	C_{total}	T_{total}	Q	A
	u_{11}	1800	3.6	0.96	0.85
N_1	u_{12}	1600	3.8	0.92	0.84
	u_{13}	1900	3.5	0.95	0.87
	u_{21}	90	2	0.91	0.68
N_2	u_{22}	95	2.5	0.90	0.75
	u_{23}	87	1.5	0.92	0.72
	u_{24}	93	2	0.93	0.78

续表

子任务	候选成员	C_{total}	T_{total}	Q	A
N_3	u_{31}	4500	7.5	0.88	0.73
	u_{32}	4450	7.2	0.85	0.75
N_4	u_{41}	70	1.5	0.90	0.86
	u_{42}	75	2	0.92	0.83
	u_{43}	78	1.8	0.89	0.87
N_5	u_{51}	120	0.5	0.93	0.65
	u_{52}	115	1.6	0.91	0.67
	u_{53}	110	1.2	0.94	0.54
	u_{54}	105	1	0.92	0.73

本算例采用 Matlab 软件编辑改进蚁群算法的程序，算法参数设置如下：$\alpha = 3$，$\beta = 1$，$\rho = 0.9$，$Q = 0.2$，$\tau_{min} = 0.1$，$\tau_{max} = 10$，$\rho_{min} = 0.1$，$A\tau = 0.1$，蚂蚁总数为 50，最大迭代次数取 200，目标值约束为 $T_{total} = 16$，$C_{total} = 6500$。

应用该算法进行优化计算，得到每个子任务 n_i，$i \in [1, 5]$ 的最佳团队成员 u_{ij} 为 $[u_{12}, u_{21}, u_{32}, u_{41}, u_{54}]$。每一代中最优合作伙伴的目标函数值随代数的变化如图 5.5 所示，ACO（ant cology algorithm）是基本蚁群算法的优化曲线，IM－ACO（improved ant cology algorithm）是改进蚁群算法的优化曲线。由图 5.5 可以看出两种方法都可以得到相同的最优解 2.4090，但是基本蚁群算法需要 130 代左右，而本书的改进蚁群算法只需要 30 代左右就能收敛到最优解，可见求解效率明显提高。

通过仿真实例的分析，建立了协同工艺设计中虚拟团队组建，即虚拟团队成员选择的模型，并应用改进蚁群算法求解。仿真实例说明了蚁群算法很好地解决了虚拟团队成员选择问题。通过对基本蚁群算法信息素更新规则的改进，并且限定信息素的范围，有效地避免了算法过早收敛于并非全局最优解，提高了算法的求解质量和效率。

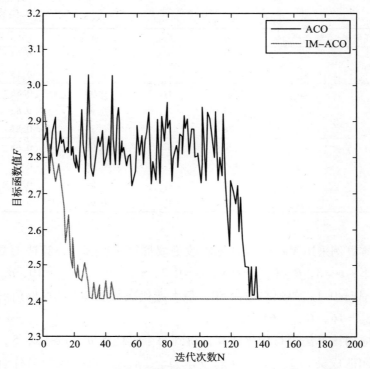

图 5.5　蚁群算法最优值变化曲线

5.3　协同工艺设计任务分配的实现

通过上一节对协同工艺设计中虚拟团队的组建，即虚拟团队成员选择问题的描述与求解，解决了团队成员选择问题，建立了虚拟团队。那么接下来本节研究如何将子任务合理地分配给虚拟团队中的成员，实现虚拟团队成员之间的协同工艺设计。

近年来，增强学习[112]已经成为人工智能和机器学习领域的研究热点之一。但是，目前已提出的增强学习算法如 TD（λ[113]）、Q－学习[114]和 Sarsa－学习算法[115]等，基本都采用了运筹学的马尔可夫（Markov）决策过程（MDP）模型和类似动态规划的值函数迭代计算。由于实际的优化决策问题往往具有大规模或连续的状态空间，因此增强学习方法也面临动态规划的"维数灾难"（curse of dimensionality）问题。如何克服"维数灾难"，实现增强学习在大规模或连续状态空间的泛化（generalization）成为增强学习理论和应用研究的一个关键问题。

针对以上问题，将神经网络引入到值函数的存储和逼近分析中，将增强学习中的 Q 学习与人工神经网络中的 BP 算法相结合，解决面向虚拟团队成员的工艺任务的分配问题。

5.3.1　协同工艺设计任务分配的问题描述

现代制造企业通过应用面向工艺人员的 CAPP 系统，大大提高了零件工艺设计的效率，但由于工艺设计活动的组织与管理目前仍采用人工方式进行，缺乏计算机化工具的支持，因此制约了工艺设计总体效率的提高。协同工艺设计的任务分配是工艺设计活动的重要组成部分，其结果直接影响工艺设计周期。为工艺设计的任务分配提供计算机化工具支持，已成为提高工艺设计效率的一个关键途径。

工艺设计活动一般按项目组织，项目组由项目组长和若干个工艺设计人员组成。项目组长负责工艺设计活动的组织管理，对其进行规划，将工艺设计任务分配给工艺设计人员；工艺设计人员负责完成具体的工艺设计任务，具体的分配流程如图 5.6 所示。

协同工艺设计任务分配主要关注寻找分解的工艺设计任务与合适的工艺设计人员之间的最优匹配，将工艺设计子任务分配给合适的工艺设计人员，从而使任务的总执行时间最短。协同工艺子任务分配问题实际上是一个组合优化问题，也是一个典型的 NP 难问题。强化学习（如 Q 学习）通过与环境的试错交互，可以逐步学习得到最优行为策略，为解决任务分配问题提供一种行之有效的方法。

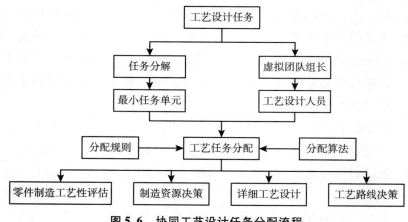

图 5.6　协同工艺设计任务分配流程

5.3.2　Q 学习算法和 BP 神经网络的基本理论

5.3.2.1　增强学习和 Q 学习算法

增强学习是一类求解序贯优化决策问题的机器学习方法，Q 学习是增强学习的一种重要类型。

（1）增强学习。

增强学习（Reinforcement Learning，又称为强化学习或再励学习）是不同于监督学习和无监督学习的另一大类机器学习方法。增强学习的基本思想与动物学习心理学有关"试错法"学习的研究密切相关，即强调在与环境中的交互中学习，通过环境对不同行为的评价性反馈信号来改变行为选择策略以实现学习目标。来自环境的评价性反馈信号通常称为回报（Reward）或增强信号（Reinforcement Signal），增强学习系统的目标就是极大化（或极小化）期望回报信号。由于增强学习方法能够通过获得与环境的交互过程中的评价性反馈信号来实现行为决策的优化，因此在求解复杂的优化控制问题中具有更为广泛的应用价值。增强学习最大的特点是采用试错法搜索和延迟奖惩[116 - 120]。

增强学习中，主体的任务就是执行一系列的动作，观察其后果，再学习控制策略，最终能够从任务初始状态选择恰当的动作，使智能体随时间的累积获得的回报达到最大。主体的目标可被定义为一个回报函数，它对智能体从不同的状态中选取不同的动作赋予一个数字值，称为立即回报。增强学习的典型框架如图5.7所示。

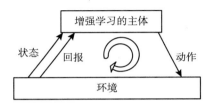

图 5.7 增强学习的基本框架

从图 5.7 可以看出，学习控制策略以使累积回报最大化的问题是一个通过学习来控制序列过程的问题。学习控制策略来选择动作的问题在某种程度上类似于函数逼近问题。这里待学习的目标函数是控制策略 π: S （状态）$\to A$ （动作）。它在给定当前状态 S 集合中的 s 时，从集合 A 中选择一个动作 a。

定义 5.1：通过遵循一个任意策略 π 从任意初始状态 s_t 获得累积值 $V^*(s_t)$ 如式 （5 – 19） 所示。

$$V^*(s_t) = r_t + \gamma \cdot r_{t+1} + \gamma^2 \cdot r_{t+2} + \cdots = \sum \gamma^i \cdot r_{t+i} \quad (5-19)$$

其中 $i \in [0, \infty]$，回报序列 r_{t+1} 的生成是通过由状态 s_t 开始并重复使用策略 π 来选择上述的动作。这里 $0 < \gamma < 1$ 为一常量，它确定了未来回报于立即回报的相对比例。如果设置 $\gamma = 0$，那么只考虑立即回报。若 γ 接近 1 时，未来回报相对于立即回报有更大的重要程度。这里把未来回报相对于立即回报进行折算是合理的，因为在许多情况下，我们希望获得更快的回报。

主体学习到一个策略 π，使得对于所有状态 s，$V^*(s_t)$ 为最大。此策略被称为最优策略，用 π^* 表示，如式 （5 – 20） 所示。

$$\pi^* \equiv \text{argmax} V^*(s) \qquad (5-20)$$

值函数在决策和评估决策时最受关注，因为采取哪种行为是在值函数判断的基础上进行的。通过值函数的计算来评价策略的选取，结合值函数对策略进行更新以改变原有策略，再利用策略评价对更新后的策略进行评价，即计算更新后的策略值函数，往返交替，一直到最终逼近最优值函数。

随着增强学习在算法和理论方面研究的深入，增强学习方法在实际的工程优化和控制问题中得到了广泛的应用。目前增强学习方法已在非线性控制、机器人规划和控制、人工智能问题求解、组合优化和调度、通信和数字信号处理、多智能体系统、模式识别和交通信号控制等领域取得了若干成功的应用。

（2）Q 学习。

Q 学习算法是强化学习中的一个重要里程碑，采用增量的方式进行学习，是马尔可夫决策过程的一种变化形式，是目前最易理解和广为使用的强化学习方法。自 Watkins 提出 Q 学习算法并证明其收敛性后，该算法在机器学习领域受到了普遍关注[121-124]。

Q 学习的基本思想是不去学习每个状态的评价函数 V，而是学习每个状态—动作对的评价值 $Q(s, a)$，$Q(s, a)$ 的值是从状态 s 执行动作 a 后获得的累计回报值。

Q 学习系统要学习到最优策略，唯一可用的训练信息就是回报 r_t，直接优化一个可迭代计算的 Q 函数。给定一个策略 π，Watkins 定义 Q 函数为在状态 s_t 时，执行动作 a_t 及后续策略 π 下的回报折扣和的数学期望，即

$$Q(s_{t+1}, a_t) = r_t + \beta \sum_{s_{t+1} \in S} P(s_t, a_t, s_{t+1}) \cdot v(s_{t+1}, \pi^*)$$

$$(5-21)$$

Q 学习方法的实现是按如下的递归公式进行的：在每个时间步 t，观察当前状态 s_t，选择和执行动作 a_t，再观察后续状态 s_{t+1} 并接受即时回报 r_t，然后根据式（5-21）来调整 Q_t 值。

$$
Q_{t+1}(s,\ a) = \begin{cases} (1-\alpha)Q_t(s,\ a) + \alpha\big[rt + \gamma \max\limits_{a_{t+1}} Q_t(s_{t+1},\ a_{t+1})\big], \\ (s,\ a) = (s_t,\ a_t) \\ Q_t(s,\ a),\ (s,\ a) \neq (s_t,\ a_t) \end{cases}
$$

$$(5-22)$$

式（5-22）中：α 为学习率，它控制着学习的速度。Watkins 证明了 α 在满足一定的条件下，如果任意一个二元组 $(s,\ a)$ 能用方程 （5-21）进行无穷多次迭代，则当 $t \to \infty$ 时，$Q_t(s,\ a)$ 以概率 1 收敛到关于最优策略的 $Q^*(s,\ a)$。

学习过程为：主观初始化 $Q(s,\ a)$；在每一个学习时间段（幕）中，初始化状态 s；在该时间段（幕）内的每个时间步，在状态 s_t 下，使用最大 Q 值的策略 π 来选取行为 a_t，执行 a，并观察 r_{t+1} 和 s_{t+1}，得到环境知识 $(s_t,\ a_t,\ r_{t+1},\ s_{t+1})$，根据式（5-22）更新 $(s_t,\ a_t)$ 的值；当访问到目标状态时，结束一次迭代循环。在下一时间段中，开始新的迭代循环。其算法如下：

初始化值函数矩阵 $Q(s,\ a)$，奖赏函数 $r(s_t,\ a_t)$，环境状态集 S 和行为集 A

For 循环（循环变量）

　　For 循环（循环变量 time-step）

　　　　利用 π 策略选择行为 a

　　　　执行行为 a，计算 r，s

　　　　利用公式（5-22）更新 $Q(s,\ a)$

　　　　环境状态转移至下一新的状态 s

　　若状态 s 为终止状态，或循环变量 time-step 大于指定数值，循环结束

　　若 $Q(s,\ a)$ 收敛，循环结束

5.3.2.2　BP 网络

BP（Back Propagation）是一种人工神经网络的误差反向传播训

练算法，简称 BP 网络。该算法系统地解决了多层网络中隐含单元
的连接权的学习问题，BP 神经网络是神经网络中采用误差反传算
法作为其学习算法的前馈网络，也是目前应用最为广泛和成功的一
种人工神经网络[125－129]。

（1）BP 网络的结构。

目前，在众多神经网络中，误差反向传播（Error Back Propaga-
tion）网络（简称 BP 网络）由于其良好的逼近能力和成熟的训练
方法而得到了最为广泛的应用。BP 网络是一种多层前馈神经网络，
由一个输入层、一个输出层和若干个隐含层所组成[202]。前馈多层
网络的结构一般如图 5.8 所示。

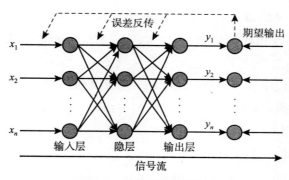

图 5.8　BP 神经网络结构

当给定网络一个输入模式时，它由输入层单元传到隐含层单
元，经隐含层单元处理后再送到输出层单元，由输出层单元处理后
产生一个输出响应。如果输出响应与期望输出的误差不满足要求，
则将误差沿连接通路逐层回传并修正各层连接权值和阈值使误差减
小，修改连接权值和阈值后，再用新的连接权值和阈值对输入模式
进行计算处理产生一个输出响应与期望输出比较，通过反复迭代计
算，直到误差小于给定值为止。

（2）BP 网络的模型描述。

BP 网络的具体数学模型用以下几个方面的内容来说明。

- 传递函数

它是反映下层输入对上层节点刺激脉冲强度的函数，又称刺激函数，可以为 Sigmoid 函数、正切函数或线性函数。一般取为（0，1）内连续取值 Sigmoid 型函数：

$$f(x) = \frac{1}{1 + e^{-x}} \tag{5-23}$$

- 误差计算模型

反映神经网络期望输出与计算输出之间误差大小的函数。第 j 个单元节点的输出的误差表示如下：

$$E_k = \frac{1}{2} \sum_{k=1}^{n} (y_{jk} - T_{jk})^2 \tag{5-24}$$

单元节点总误差表示为：

$$E = \frac{1}{2N} \sum_{k=1}^{N} E_k \tag{5-25}$$

式（5-24）中，T_{jk} 是节点 j 的期望输出值，y_{jk} 是节点 j 实际输出值。

- 中间层节点数学模型

$$O_{jk}^1 = f(\sum w_{ij}^1 x_j) \tag{5-26}$$

式（5-26）中，O_{jk}^1 表示中间层上，输入第 k 个样本时，第 j 个节点的输出；x_j 为第 j 个节点输入；w_{ij}^1 为输入层到中间层的权值。

- 输出节点的数学模型：

$$O_{jk}^2 = f(\sum w_{ij}^2 O_{jk}^1) \tag{5-27}$$

式（5-27）中，O_{jk}^2 表示输出层上，输入第 k 个样本时，第 j 个节点的输出；w_{jk}^2 为中间层到输出层的权值。

- 修正权值

$$w_{ij} = w_{ij} + \mu \frac{\partial E}{\partial w_{ij}} \tag{5-28}$$

5.3.3　基于 BP 神经网络的 Q 学习算法的提出

增强学习是一类求解序贯优化决策问题的机器学习方法，Q 学习是增强学习的一种重要类型。由于实际的优化决策问题往往具有大规模或连续状态空间的"维数灾难"问题，利用 BP 神经网络的函数逼近和泛化能力，通过将 BP 神经网络和 Q 学习相结合[130-134]来解决此问题，提出基于 BP 神经网络的 Q 学习算法。

（1）基于 BP 神经网络 Q 学习算法的过程分析。

基于 BP 神经网络的 Q 学习算法是利用 BP 神经网络来存储 Q 值函数，当网络的输入是状态 s 时，输出则是在状态 s 下选择某一个动作 a 的评价值 $Q(s, a)$。在学习过程中，根据 BP 神经网络的输出选择一个动作执行，并根据下一个状态和回报更新上一个状态和动作的 Q 值，神经网络将重新学习新的 Q 值，这一过程的描述如图 5.9 所示。

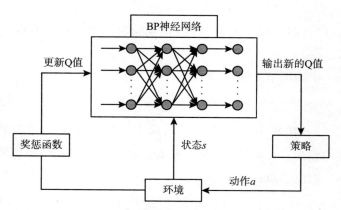

图 5.9　基于 BP 神经网络的 Q 学习过程

（2）基于 BP 神经网络 Q 学习模型。

应用 BP 网络来设计强化学习的模型。该神经网络模型由 N 个学习单元（Learning Unit，LU）组成，结构如图 5.10 所示。

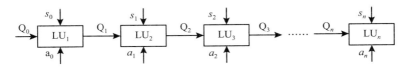

图 5.10　Q 学习的 BP 网络结构

每个学习单元分别逼近每个行为值函数 $Q(s, a)$。设神经网络学习单元 LU 的输入由 MDP 的瞬时状态 s_i、行为 a_i 组成，输出是 MDP 行为值函数 $Q(s_i, a_i)$ 的值。

根据 Q 函数的定义可知，只在最优策略下才能取得最优行为值 Q^*，在学习阶段 Q 值迭代存在误差。由瞬时差分（TD）法，设相应的 TD 误差为：

$$\delta_t = r_t + \beta \cdot \max_{a \in A} \{ Q(s_{t-1}, a) \} - Q(s_{t-1}, a_{t-1}) \qquad (5-29)$$

TD 误差的平方和为：

$$E(t) = \frac{1}{2}(\delta(t))^2 \qquad (5-30)$$

采用式（3 – 26）作为权值更新的依据，则网络权值更新法则为：

$$\Delta w(t) = -\eta \frac{\partial E(t)}{\partial w(t)} \qquad (5-31)$$

为了解决增强学习过程中探索和利用的"两难问题"，网络的输出 Q 值要被送入随机动作选择器，此处采用近似贪心且连续可微的 Boltzman – Gibbs 分布的近似贪心且连续可微的动作选择策略，则动作 a_k 被选择的概率为：

$$prob(a_t = a_k | s_t) = \frac{\exp(Q(s_t, a_k) T_t)}{\sum_a \exp(Q(s_t, a) T_t)} \qquad (5-32)$$

式中：$T_t > 0$ 为温度参数，控制行为选择的随机程度。为了提高学习的速度，利用模拟退火技术在学习过程中按下式进行动态调整温度值，即在学习初期选择较大的温度，以保证动作选择的随机性较大，增加搜索能力，然后在学习的过程中逐渐降低温度，保证以前的学习效果不被破坏。

$$\begin{cases} T_0 = T_{\max} \\ T_{t+1} = T_{\min} + \beta(T_t - T_{\min}) \end{cases} \qquad (5-33)$$

式中 $0 \leqslant \beta \leqslant 1$ 为退火因子。

（3）基于 BP 网络的 Q 学习算法流程。

根据上述分析，得到了基于 BP 网络的 Q 学习算法。算法流程图如图 5.11 所示。算法实现的主要步骤是对 MDP 的当前状态 s_t，应用 (s_t, a) 作为 BP 网络的输入，由式（5-21）计算网络输出 $Q(s_t, a)$；然后根据式（5-32）的 Boltzman-Gibbs 概率分布选择一个动作 a_t 并执行，收到回报 r 后，根据式（5-22）调整 Q 值；最后根据式（5-31）进行网络权值的更新。

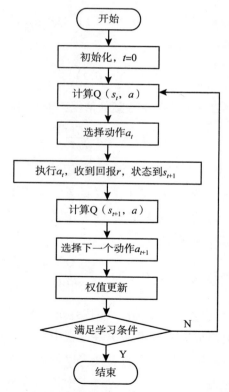

图 5.11　基于 BP 神经网络的 Q 学习算法流程

5.3.4 基于 BP 神经网络和 Q 学习算法的任务分配方法

从任务分配问题描述可以看出，调度问题本质上是带约束的优化问题。Q 学习通过与环境的试错交互，可以通过逐步学习得到最优行为策略，但当分配问题的 MDP 模型的状态——动作空间很大时，采用查询表存储值函数是不可行的，因此需要采用 BP 神经网络逼近函数来存储。本书应用基于 BP 网络的 Q 学习算法求解任务分配问题。基于 Q 学习和 BP 神经网络的工艺任务分配的结构如图 5.12 所示。

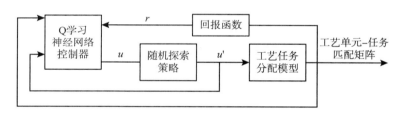

图 5.12 基于 Q 学习和 BP 神经网络的任务分配结构

为了说明基于 Q 学习和 BP 网络的协同工艺设计任务分配方法，首先需要建立工艺任务的分配模型，本书采用有向无环图（Directed Acyclic Graph，DAG）表示。

通常情况下，一个产品的工艺设计活动由一个项目组完成，包括项目组长和若干工艺人员，用 $U = \{u_i \mid 1 \leqslant i \leqslant m\}$ 表示，m 为工艺单元个数。假设工艺任务已经分解成具有一定时序关系的任务集合，该任务集合用 DAG 图定义为三元组 DAG = < N，L，E >。

其中，$N = \{n_i \mid 1 \leqslant i \leqslant n\}$ 表示图中任务节点集合，即工艺设计活动中的最小独立活动单元，n 为任务节点数；

$L = \{ l_{ij} \mid 1 \leq i, j \leq n, i \neq j \}$ 表示任务图中有向边的集合，l_{ij} 表示存在有向边 $n_i \rightarrow n_j$，代表节点 n_i 与 n_j 执行上的时序关系，即任务 n_j 在 n_i 执行完成之后才能开始，这时称 n_i 为 n_j 的前驱节点，n_j 为 n_i 的后继节点；

$E = \{ e_{ij} \mid 1 \leq i \leq m, 1 \leq j \leq n \}$ 表示不同的工艺单元对各任务执行效率的集合，e_{ij} 表示工艺单元 u_i 执行任务 n_j 的效率。

定义 5.2：第 k 阶段的决策用二元组 $< u_k, n_k >$ 表示，表示从未分配节点集合中选择节点 n_k，并且调度给设计单元 u_k。

为了满足 DAG 图中的任务依赖关系，决策 d_k 总是选择当前未分配节点集合中深度值最小的节点。

定义 5.3：一个调度策略 s 的执行时间

$$t(s) = \max_{1 \leq j \leq m} (t_s(u_j)) - t_0 \qquad (5-34)$$

其中，$t_s(u_j)$ 为调度策略 s 中工艺单元 u_j 上最后一个任务完成的时间，t_0 为开始时间。

由以上定义可知，工艺设计任务分配问题的目标模型为寻找一个满足任务 DAG 中节点之间时序关系的调度策略 s，使得整个任务总的执行时间最短，即

$$s = \arg \min_s (t(s)) \qquad (5-35)$$

5.3.5　任务分配的实例仿真

沈阳鼓风集团有限公司在开发离心式压缩机时，将总任务分解成若干个子任务，应企业的要求，这里隐去了每个子任务的详细内容。这些子任务形成的 DAG 图如图 5.13 所示。

假设共有 3 个工艺设计人员 u_1、u_2、u_3，各设计人员对各任务 $n_1 \sim n_{16}$ 的完成时间把企业数据经标准化之后如表 5.4 所示。

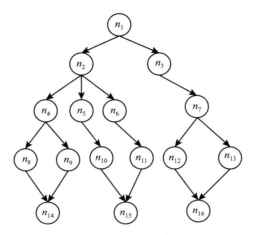

图 5.13　DAG 任务图

表 5.4　　　　　　　　各工艺设计人员完成任务的时间

	n_1	n_2	n_3	n_4	n_5	n_6	n_7	n_8	n_9	n_{10}	n_{11}	n_{12}	n_{13}	n_{14}	n_{15}	n_{16}
u_1	2	3	1	4	2	5	2	1	3	6	2	4	2	4	4	7
u_2	4	2	3	1	7	2	3	4	5	2	3	2	1	3	2	4
u_3	1	4	2	6	1	2	4	2	4	3	2	1	5	1	5	6

　　上述工艺任务图可以用一个确定性 MDP 来建模。任务分配问题的目标是求一个执行时间最小的分配，因此回报函数形式如式（5 - 36）所示。

$$r = \begin{cases} \dfrac{1}{\text{分配执行时间}} & \text{完整的分配} \\ 0 & \text{子分配} \end{cases} \qquad (5-36)$$

　　初始状态用从第一阶段开始的子分配 d 表示，当任务全部分配完，结束一次学习实验，然后系统状态重新进行初始化，开始下一次的学习过程。采用 Matlab 软件编辑程序，对工艺任务分配问题进行仿真。算法参数设置如下：网络权值初始化为 ［ -1，1］ 内的随机值，动作选择采用基于 Boltzman - Gibbs 分布的动作选择策略，

$\sigma = 0.1$，$\eta = 0.25$，$\gamma = 0.9$，$\lambda = 0.85$，$\beta = 0.98$，$T_{\max} = 0.1$，$T_{\min} = 0.001$，步数 $N = 500$。仿真结果如图 5.14 所示。

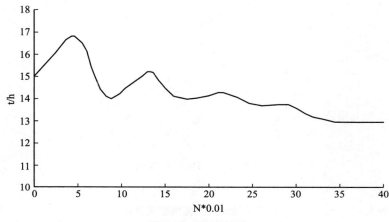

图 5.14　仿真结果

　　图 5.14 为取不同的步数时所求得的最优分配的执行时间。从图中可以看出，随着学习步数的增加，Q 学习算法学习到的规则也逐渐增多，曲线逐渐逼近最优调度时间。算法求得的最优调度策略由设计单元—任务匹配矩阵 A 表示，如式（5 - 37）所示。

$$A = \begin{bmatrix} 0 & 0 & 1 & 0 & 0 & 0 & 1 & 1 & 1 & 0 & 0 & 0 & 0 & 0 & 1 & 0 \\ 0 & 1 & 0 & 1 & 0 & 1 & 0 & 0 & 0 & 1 & 0 & 0 & 1 & 0 & 0 & 1 \\ 1 & 0 & 0 & 0 & 1 & 0 & 0 & 0 & 0 & 0 & 1 & 1 & 0 & 1 & 0 & 0 \end{bmatrix}$$

$$(5 - 37)$$

　　各个任务的开始时间和结束时间如表 5.5 所示。从图 5.14 和表 5.5 可以看出算法的最好结果是 13。因此，基于强化学习和神经网络的任务分配算法能够求得最优的结果。

表 5.5　　　　　　　　各个任务的开始时间和结束时间

	前驱任务集	开始时间	结束时间
n_1	$\varnothing$	0	1
n_2	$\{n_1\}$	1	3
n_3	$\{n_1\}$	1	2
n_4	$\{n_1, n_2, n_3\}$	3	4
n_5	$\{n_1, n_2\}$	3	4
n_6	$\{n_1, n_2, n_4\}$	4	6
n_7	$\{n_1, n_3\}$	3	5
n_8	$\{n_1, n_2, n_3, n_4, n_7\}$	5	6
n_9	$\{n_1, n_2, n_3, n_4, n_7, n_8\}$	6	9
n_{10}	$\{n_1, n_2, n_4, n_5, n_6\}$	6	8
n_{11}	$\{n_1, n_2, n_5, n_6\}$	6	7
n_{12}	$\{n_1, n_3, n_5, n_7, n_{11}\}$	7	9
n_{13}	$\{n_1, n_2, n_3, n_4, n_6, n_7, n_{10}\}$	8	9
n_{14}	$\{n_1, n_2, n_4, n_5, n_8, n_9, n_{11}, n_{12}\}$	9	11
n_{15}	$\{n_1, n_3, n_7, n_9, n_{12}, n_{13}\}$	9	10
n_{16}	$\{n_1, n_2, n_5, n_6, n_{10}, n_{11}\}$	9	13

通过上述实例分析可以得到如下结论。

（1）BP 神经网络能够存储和逼近 Q 学习的状态——动作对的 Q 值，解决了"维数灾难"问题。

（2）采用 Boltzman‑Gibbs 分布作为动作选择策略解决增强学习过程中探索和利用的"两难问题"。学习初期，选择较大的温度参数以保证动作选择的随机性较大，增强搜索能力。在学习过程中逐渐降低温度，保证以前的学习效果不被破坏。

（3）工艺任务分配的应用实例表明，该方法具有良好的性能。因此，基于增强学习和 BP 神经网络的工艺任务分配方法可以应用于求解更大规模的任务分配问题。

第6章

面向协同优化的工艺路线
规划与调度集成

在由多个工艺人员协同设计出各零件可行的加工方法后，需要进一步根据工艺路线的排序原则将各加工方法按先后顺序排成加工链，形成零件的加工路线。

由于零件的协同工艺设计方法，来自各地的工艺人员制定零件加工方案时，没有充分考虑后续的生产调度过程，常造成工艺规范在后续生产调度中遭遇诸如资源"瓶颈"等不能执行的问题[135-137]。因此，研究工艺路线规划与调度集成方法，使得工艺路线与设备调度实现并行、整体优化至关重要。

通过工艺规程设计过程与生产调度的集成与优化，可在工艺规程设计阶段就考虑到未来加工现场的资源利用状况，这对于消除加工现场资源冲突、提高总设备利用率、减少产品制造周期、提高产品质量、降低制造成本具有重要影响。因此，工艺设计与生产调度的集成优化成为近年来的研究热点。

许多学者在工艺路线规划与调度集成方面进行了相关研究，文献[138]提出了在分布式制造环境下的工艺规划与调度集成策略，但分级式优化方法，不能实现工艺规划和调度的整体优化。文献[139-141]应用多agent的方法解决工艺路线规划与调度集成问题，但当agent的数目增多时，处理信息时间过长，求解效率低。

为了实现工艺路线规划和调度的整体优化，提高求解效率，在应用网络图表示方法的基础上，文献［142－143］建立了基于网络图的工艺路线规划与调度集成模型并用遗传算法求解，但遗传算法对反馈信息利用不够，容易产生大量冗余迭代。

本章基于协同工艺设计的思想，使来自不同部门或企业的工艺人员在一个协同的环境中，对一些复杂零件的制造特征共同协商出不同的加工方案和加工方案的组合方式，并生成零件的网络图，最后由计算机应用改进蚁群算法来进行工艺路线和调度方案的整体优化，体现协同的理念。

6.1　工艺路线规划与调度集成优化的内涵及必要性

6.1.1　工艺路线规划与调度集成的内涵

在传统的工艺规划中，每个零件只包含一条可行的工艺路线，在不断发展的制造环境中，由于生产中的柔性与实时性，一些零件尤其是复杂零件的加工通常有多种加工方案，一个特征往往有多种加工方法，可产生多条工艺路线，因此，为零件的每个制造特征选择合适的加工方案和加工机床，生成零件的加工路线尤为重要，是连接产品设计和产品制造的重要纽带，没有合理的工艺路线，就不可能经济而有效地将设计蓝图转变成合格产品。因此，工艺路线的合理制订对保证产品质量、提高生产率以及降低生产成本都具有十分重要的意义。

从传统的观点来看，工艺设计和生产调度常分属不同部门，它们之间是相互独立及串行的。工艺设计确定产品加工顺序、加工方法、工艺参数及产品制造所需的制造资源、制造时间等，是连接产品设计与制造的桥梁，为生产调度提供输入数据；生产调度对将要进入或已经进入加工的零件在制造环境的约束下进行优化，是生产准备和具体工艺实施过程的纽带。两者的分离导致在实际应用中制订出的工艺路线与生产调度方案难以满足实际生产的需求，经常造成资源冲突、严重的设备负荷不平衡以及工艺规范在后续的生产调度中遭遇诸如资源瓶颈等不能执行的问题，失去了其作为加工指导的意义。因此，将工艺路线规划与调度两者集成起来，实现工艺路线规划与车间调度的协同优化就变得尤为重要。

在工艺路线规划与调度集成问题中，工艺路线规划为调度系统提供了详细的操作性指导，调度系统则接收每个零件任务的多条可行工艺路线，调度的最佳性不但取决于制造资源的情况，也依赖于工艺路线规划的结果，同时调度结果又可以映射出每个零件任务的最优工艺路线，体现了工艺路线规划与生产调度的高度相关性与协同性，如图 6.1 所示。

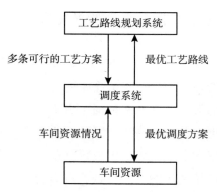

图 6.1　工艺路线规划与调度关系图

由图 6.1 可知，当多条可行工艺路线进入调度系统时，根据制造资源信息负载状况，调度系统需要在考虑设备负载平衡分配的基础上决策各项工艺任务的最优工艺路线，以及如何将每道工序合理地安排在特定的加工设备上，从而使制造系统中的可用设备都得到高效的利用。与此同时，调度系统决策出了每项任务的最优工艺路线，并将最优工艺路线结果反馈给工艺规划层，使最优工艺路线结果和最优调度结果同时生成，协同优化。

因此，工艺路线规划与调度集成问题的内涵是一个涉及任务、时间和资源的三维空间的多目标决策问题，其目的是在有限制造资源的约束下，柔性确定各工件的工艺路线方案以及各工序在其关联设备上的加工顺序和加工时间，使得工艺路线与生产调度整体寻优、协同决策。

6.1.2　工艺路线规划与调度集成的必要性

工艺路线规划是 CAPP 的重要功能之一，决定了零件的制造加工路线，在工程设计和产品制造之间起到桥梁作用，是计算机集成制造系统中的关键问题。工艺路线规划的任务是制定零件加工的总体规划，合理安排各加工工序的先后次序。没有合理的工艺路线，就不可能经济而有效地将设计蓝图转变成合格产品。

生产调度是生产制造系统的另一功能模块，根据系统的生产目标和环境状态，在尽可能满足约束条件（如工艺要求和路线、资源现状）的前提下，按照工艺规程和计划，通过下达生产调度指令对系统内的可用资源进行实时分配。因此，调度功能受到工艺加工计划和制造资源的双重制约。

工艺路线规划和生产调度是现代制造系统中的两个重要环节，合理的工艺路线和调度方案是指导零件加工的关键。从工艺路线调度与生产调度工作的特点来看，二者在很多方面有着密切的联系：

（1）一个零件的加工通常有多种加工方案，一个特征往往有多种加工方法，在工艺路线规划时如果能考虑零件的交货期及车间的实际加工状态（如资源可用性），实时合理地选择加工方法和资源，对提高调度柔性，保证生产的顺利进行是很有意义的。

（2）在调度过程中，如果能根据工艺的难易程度等技术参数进行综合分析，合理地确定零件的投放时间，对保证调度质量、提高生产稳定性很有好处。

（3）工艺规划的一个非常重要的任务就是按照零件的工艺特征选择合理的车资源，而生产计划调度的任务是把指定零件的某工序分派给确定的车间资源，并满足开工完工的时间要求。所以二者在这一点上有共同的任务和目标。工艺规划与生产调度在功能上既有各自内在的功能特点，又存在着许多相互联系，这些联系就构成两者集成的基础。

因此，基于上述分析，将工艺路线规划与调度集成是十分必要的，对于改善工艺路线的生产可行性、提高工艺计划和生产计划调度的整体优化、提高设备利用率、改善生产性能有着重要的理论和实践意义。

6.2 工艺路线规划与调度集成优化的建模

数学模型的建立是解决工艺路线规划与调度集成问题的基础和前提。本节从零件多工艺路线与资源的表示方法入手对模型的建立进行研究。首先，提出基于网络图的表示方法，记录了工序间的优先约束关系与车间资源情况。在此基础上，建立集成优化数学模型。

6.2.1 零件多工艺路线与资源的表示方法

为了解决工艺路线规划与调度集成问题，首先需要确定零件多工艺路线与资源的表示方法。为了明确地表示工序间的优先约束关系及车间资源情况，本书应用网络图来描述和表达零件各工序和该工序所对应的可选资源情况，以及各工序组成的所有可行的工艺路线，也是应用蚁群算法求解工艺路线规划与调度集成优化问题的基础。

6.2.1.1 表示方法的确定

（1）网络图的组成。

网络图（Network）是一种图解模型，由作业、事件和路线三个因素组成。

①作业（Activity）。

作业，是指一道工序或一项工作，需要消耗人力、物力和时间的具体活动过程。在网络图中作业用箭线表示，箭尾表示作业开始，箭头表示作业结束。

若作业或工序不消耗资源也不占用时间，称为虚作业。在网络图中设立虚作业主要是表明一项事件与另一项事件之间的相互依存相互依赖的关系，是属于逻辑性的联系。

②事件（Event）。

事件，是指某项作业的开始或结束，它不消耗任何资源和时间，在网络图中用"○"表示，"○"是两条或两条以上箭线的交结点，又称为结点。网络图中第一个事件（即○）称网络的起始事件，表示一项计划或工程的开始；网络图中最后一个事件称网络的终点事件，表示一项计划或工程的完成；介于始点与终点之间的事件叫做中间事件，它既表示前一项作业的完成，又表示后一项作业的开始。为了便于识别、检查和计算，在网络图中往往对事件编号。

③路线（Path）。

路线，是指自网络始点开始，顺着箭线的方向，经过一系列连续不断的作业和事件直至网络终点的通道。在一个网络图中有很多条路线。

（2）网络图的基本规则。

在网络图中，必须遵守的基本规则如下。

①网络图中不能出现循环路线，否则将使组成回路的工序永远不能结束，工程永远不能完工。

②进入一个结点的箭线可以有多条，但相邻两个结点之间只能有一条箭线。当需表示多活动之间的关系时，需增加节点（Node）和虚拟作业（Dummy activity）来表示。

③在网络图中，除网络始点、终点外，其他各结点的前后都有箭线连接，即图中不能有缺口，使自网络始点起经由任何箭线都可以达到网络终点。否则，将使某些作业失去与其紧后（或紧前）作业应有的联系。

④箭线的首尾必须有事件，不允许从一条箭线的中间引出另一条箭线。

⑤为表示工程的开始和结束，在网络图中只能有一个始点和一个终点。当工程开始时有几个工序平行作业，或在几个工序结束后完工，用一个网络始点、一个网络终点表示。若这些工序不能用一个始点或一个终点表示时，可用虚工序把它们与始点或终点连接起来。

⑥网络图绘制力求简单明了，箭线尽量避免交叉。

（3）网络图的逻辑关系。

根据网络图中有关作业之间的相互关系，可以将作业划分为：紧前作业、紧后作业和交叉作业。

①紧前作业，是指紧接在该作业之前的作业。紧前作业不结束，则该作业不能开始。

②紧后作业，是指紧接在该作业之后的作业。该作业不结束，紧后作业不能开始。

③平等作业，是指能与该作业同时开始的作业。

④交叉作业，是指能与该作业相互交替进行的作业。

6.2.1.2　基于网络图的表示方法

由于被加工零件上各制造特征可能存在多种加工方案，每种加工方案中包含的加工方法不同，每种加工方案所选择的机床也可能不同，这些都直接影响到最后所采用的工艺路线和调度方案。因此，在进行零件工艺路线和调度方案决策之前，必须将零件所有可能的加工方案、加工路线、每种加工方案可选择的机床、每种机床的加工时间都表示出来。

在上述普通网络图描述方法的基础上，本书应用嵌套定义的方式定义多工艺路线与资源（MPRR）网络图[144-145]。

多工艺路线与资源（MPRR）网络图是描述各工序之间相互关系以及可调用资源情况的有向图，能清晰地反映出各工序之间相互制约、相互协调的逻辑关系，用二元组表示：

$$MPRR = (J, \ T) \tag{6-1}$$

其中，$J = \{job_i \mid 1 \leqslant i \leqslant K\}$ 是工件的集合，K 是工件的数量。T_i 是每个工件 job_i 所包含的工序的数目 t_i 的集合。

job_i 用四元组表示：

$$job_i = (P, \ ORS, \ R, \ S, \ E) \tag{6-2}$$

其中，$P = \{p_j \mid 1 \leqslant j \leqslant t_i\}$ 是每个工件 job_i 所包含的工序集合；$ORS = \{OR_k \mid 1 \leqslant k \leqslant e\}$ 表示多工序之间的选择关系，对于相同的制造制征，由不同的工序实现，选择其中的一种工序实现，e 是关系的数量；$R = \{r_m \rightarrow r_n \mid 1 \leqslant m, \ n \leqslant q, \ m \neq n\}$ 表示网络图中有向边的集合，q 是有向边的数量，r_{mn} 表示由工序 p_m 指向 p_n 的有向边，说明 p_n 要在 p_m 加工完成之后才能加工；S 和 E 均为虚拟节点，分别表示每个工件的初始点和结束点。

p_j 用三元组表示：

$$p_j = \{j, \ M, \ WT\} \tag{6-3}$$

其中，j 是工序号；$M = \{m_l \mid 1 \leqslant l \leqslant c\}$ 是可加工工序 j 的机器的集合，c 是工序 j 可以选择的机器数量；$WT = \{wt_l\}$ 是待选机器 m_l 加工工序 j 所需时间集合。

图 6.2 为两个工件的 MPRR 网络图。图中符号和多工艺路线及资源的对应关系如表 6.1 所示。在 OR 子结构中，是多工序之间的选择关系，对于相同的制造特征，由不同的工序实现，选择其中一种实现。

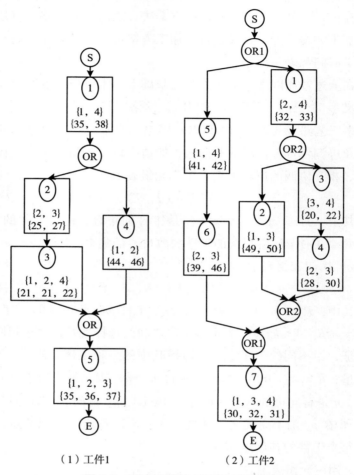

（1）工件1　　　　　（2）工件2

图 6.2　两个工件的 MPRR 网络图

表 6.1　　　　　　　　MPRR 网络图中符号的含义

符号	含义
S	工件所有可选工序序列的起始事件
E	工件所有可选工序序列的终点事件
OR	选择结构
方框	每个工件的加工工序
圆圆中数字	每个工件的加工工序号
第一个 ‖ 内数字	该工序可选的资源情况，即机器号
第二个 ‖ 内数字	各可选机器对应的加工时间

6.2.2　工艺路线规划与调度集成优化模型

在上述零件多工艺路线与资源网络图的基础上，建立集成优化模型，以实现最优工艺路线与生产调度方案的协同决策与并行生成。

6.2.2.1　集成问题数学描述

工艺路线规划与调度集成问题可描述[146-148]为：设有 K 个工件，每个工件的工序数是 t_i。可行工艺路线和加工资源情况用 MPRR 网络图描述。作业车间需要加工多种工件，每种工件有多条工艺加工路线，需要制定出一个调度方案，不仅为每一个工件进行合理的调度，而且还要决定一条工艺加工路线。因此，在 L 个设备上加工时，需要满足以下条件：

（1）要求每台设备一次只能加工一道工序；

（2）一道工序一旦进行不能中断；

（3）每道工序在某一时刻只能被一台设备加工；

（4）当上一道工序完工后，立即送下道工序加工，不允许中断；

（5）每道工序在机器上的加工时间已确定，且与加工顺序无关；

（6）允许设备在工序达到之间闲置。

在生产过程中，为了加工某种工件常常需要做一些辅助工作，譬如调整机床、更换夹具与刀具、启动机床、安装拆卸工件等，这些辅助工作所消耗的时间称之为辅助生产时间。本书中辅助生产时间考虑在工序加工时间之内。

工艺路线规划与调度集成问题包括两个子问题：

（1）由于每个制造特征可选择的加工方案可以有多种，因此每个零件特别是复杂零件的工艺路线就会有许多，要为每个工件的工序选择合适的加工方案；

（2）每个加工设备可加工多道工序，因此，要在每个机器上合理安排各加工工序，使目标达到最优。

6.2.2.2　集成模型构建

传统的车间调度一般假定对于每一项任务只有一个可行的工艺规划方案，这表明工艺规划没有考虑生产的柔性。在日益柔性的制造系统中，每一个零件任务可以有多条可行的工艺路线，而调度则是在不违反制造环境约束的条件下，基于特定的目标，为每项任务决策出最优工艺路线以及全部的任务调度结果。

因此，在本章中工艺路线规划与调度集成问题转化为：在满足 MPRR 网络图中各工序次序约束关系和资源情况的条件下，搜索并寻找一个集成策略，使得适应度函数值最小。

适应度函数为最大流通时间最小，即各工件加工完毕的时间最短。其数学模型表示为：

$$F = \min \{ \max \{ Tjob_j \} \} \tag{6-4}$$

其中，$Tjob_j$ 是每个工件 job_j 的加工时间。

约束条件如下：

（1）根据 MPRR 网络图，两道工序 $p_m \rightarrow p_n$，p_n 开始加工的时间 T_{Pn_start} 要大于 p_m 的开始时间 T_{Pm_start} 与其加工时间之和，即

$$T_{Pn\_start} > T_{Pm\_start} + T_{Pm} \tag{6-5}$$

（2）同一机器 M 上一道工序加工完成后才能开始加工另一道工序，即资源约束。

$$T_{Pn\_start} - T_{Pm\_start} \geq t_{Pm} \tag{6-6}$$

其中，t_{Pm} 是选择的机器加工工序 p_m 的时间。

6.3　基于网络图和蚁群算法的工艺路线规划与调度集成优化

围绕工艺路线规划、车间生产调度与控制，本节先从功能实现

的角度，提出了工艺路线规划与调度的集成策略，采用并行工作的思想，形成分布式层次结构。再从仿真优化的角度，在上述数学模型的基础上，参考蚁群算法的寻优机理对其进行特定的算法设计，提出了工艺路线规划与调度集成的蚁群寻优算法，实现工艺路线与设备调度的并行、整体优化。

6.3.1 面向协同优化的集成优化策略

6.3.1.1 集成优化策略分析

工艺路线规划与调度集成策略如图 6.3 所示。该策略在选择工艺路线和生成调度方案的过程中并行运作、整体优化，体现了协同的特征。

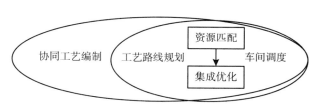

图 6.3 集成优化策略

工艺路线规划与调度集成的首要问题是为每个零件的制造特征选择合适的加工方案，然后在其基础上进行工艺路线和调度方案的决策。加工方案的确定主要是根据产品设计要求，使来自不同企业或部门的工艺人员，在一个虚拟的空间里，针对一些复杂零件的制造特征，共同协商为零件选择适合的加工方法和加工参数。此阶段仅考虑技术上的可行性，不涉及资源和时间的可用性，所有可行的加工模式都在考虑之列，生成多条可行的工艺路线。

根据零件工艺技术分析信息和生产车间下一时间段的可用资源信息，对各工艺技术方案进行分析，将所有与可用资源相匹配的工艺路线用 MPRR 网络图表示，用来描述可行工艺路线与资源情况。用基于 MPRR 网络图的蚁群优化方法求解，最终得出工艺路线和调度方案。

6.3.1.2　集成优化策略的层次结构

对于工艺设计、工艺路线规划和车间生产调度，从功能实现的角度，工艺路线规划与调度集成策略采用并行、协同的思想，形成层次结构，如图 6.4 所示。

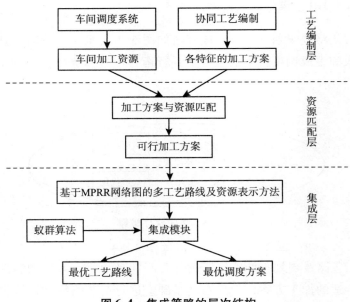

图 6.4　集成策略的层次结构

根据在工艺规划和调度过程中与资源情况的关系，工艺规划和调度被划分为三个层次，分别为工艺设计层、资源匹配层和集成层。工艺设计层是在理想的资源情况下进行协同的工艺设计，生成各零件的工艺方案；资源匹配层是根据车间资源情况，将从工艺设计层传下来的工艺方案中不符合资源情况的方案删除；最后是集成层，在 MPRR 网络图表示多工艺路线及资源的基础上，用蚁群算法实现对多条可行的工艺方案和相应的调度情况的整体优化。

集成策略的层次结构采用逐层传递的方式，每一层都有各自的功能，对上层下达的任务进行处理，同时将处理后的信息传递给下一层。

由上述对工艺路线规划与调度集成策略的层次结构的分析可以看出，工艺路线规划与生产调度都有自身的工作特点和内容，但是同时两者之间又有大量的信息传递和相互联系，一方任务的完成大都受另一方的约束和限制。工艺路线规划按照工艺方案选择可行的工艺路线和生产资源，如机床等。生产调度则试图把可利用资源分派给指定的零件加工工序。加工方案与资源匹配成为集成模型并行工作的交叉点，由此开始工艺路线规划与调度的集成工作。

6.3.2 基于网络图的蚁群算法求解

基于蚁群算法的模型求解是实现工艺路线规划与生产调度集成的核心。该算法以工件、工序和设备作为基本优化单元，同时对所有零件的备选工艺方案以及生产调度方案进行寻优，实现工艺路线与设备调度的并行、整体优化。

6.3.2.1 基于网络图的蚁群算法的提出

在工艺路线规划与调度集成问题中，生产车间往往有多台功能相近的机床，同一道工序也有着不同的加工方式，因而工件也就有多条工艺路线，调度功能同时受到工艺加工计划所制定的工序和制造资源的双重制约。

将工艺加工计划与生产调度进行集成，在一个统一的解空间中进行寻优，在资源条件的约束下，为每一个准备生产的零件从多条工艺加工路线中选择一个合适的工艺加工路线，并产生一个最优的调度。因此，工艺路线规划与调度集成实际上是一个组合优化问题，也是一个典型的 NP – Hard 问题。

通过上述对蚁群算法的理论分析，具有正反馈机制的蚁群算法适合解决 NP – Hard 问题。与其他的算法相比，用蚂蚁算法解决工艺路线规划与调度集成问题的优势主要体现在以下几点：

①蚁群算法是一种具有自适应性的分布式算法，便于并行计算，可大大降低计算工序、调度选择的时间及其复杂性；

②蚁群算法不需要进行大量的概率计算和建立复杂的模型，容易实现，利于解决组合优化问题，便于综合考虑多种约束因素；

③蚁群算法只需要所要解决的问题是可计算的、无可微性、凸规划等，故可灵活处理问题。

6.3.2.2　基于网络图的蚁群算法设计

传统的工艺人员在进行工艺设计时，只考虑工艺的可执行性、可达性，对资源的状况、后续的生产调度考虑不足，常造成工艺在后续执行时必须修改，甚至不可行。因此，在工艺路线规划与调度集成问题中，将工艺路线的选择和调度共同寻优，在满足算法结束条件后，每个工序的所选工艺方案和后续的生产调度方案同时确定。

（1）编码方式。

本书算法中，蚁群搜索得到的工序序列和调度情况是选择的工件、工序和机器的一个排列。在 MPRR 网络图中，所有工件、工序以及机器号（job_i，p_j，m_l）构成了问题的求解空间。初始阶段令蚂蚁分别集中在每个工件的虚拟起始点 S，逐步选择工件、工序及机器节点来确定工艺路线及调度方案。

为了达到工艺路线的选择和调度同时寻优，需要同时记录工件、工序和机器的选择情况和机器的调度时间。禁忌表 $Tabu_h$ 记录蚂蚁 h 当前已走过的节点，设为一个三元组，分别是工件号、工序号及所选的机器号，如图 6.5 所示。与此对应的机器调度情况用 $Machine_h$ 表示，设为一个四元组，分别是工件号、工序号、机器调用的开始时间和结束时间，如图 6.6 所示。

工件号	工序号	选择的机器号

图 6.5　$Tabu_h$ 的结构

工件号	工序号	调度的开始时间	调度的结束时间

图 6.6　$Machine_h$ 的结构

（2）可行转移集 $allow_h$ 的确定。

可行转移集 $allow_h$ 是蚂蚁搜索寻找下一个节点的特定范围，即可以选择的节点集合。在蚂蚁选择下一个节点之前，需要先确定可选择的范围。本章将 MPRR 网络图的工序约束关系用后继表和同根表的形式表示出来，才能应用到蚁群算法中，进而确定可行转移集 $allow_h$。

①后继表。

对于任两道工序 p_m、p_n，且存在约束关系 $p_m \rightarrow p_n$，那么 p_n 则是 p_m 的直接紧后节点。后继表用来存储 MPRR 网络图中所有结点的直接紧后节点，如果直接后继是 OR 节点，则 OR 节点的直接紧后节点为其直接紧后节点。

每个工件都有其后继表，以图 6.7 的两个工件的 MPRR 网络图为例，工件 1 中工序 1 的紧后节点是工序 2 和 3，工件 2 中工序 2 的紧后节点是工序 4。由各个工序节点的紧后工序组成的表即为该工件的后继表。图 6.8 中两工件的后继表如图 6.9 所示。在后继表中，第一列表示工序号，后面元素是该工序的紧后节点。

定义后继表是为了在确定可行转移集 $allow_h$ 时，在蚂蚁选择一节点后，按照 MPRR 网络图的约束关系，将该节点的后继表中的节点加入到 $allow_h$ 集中。

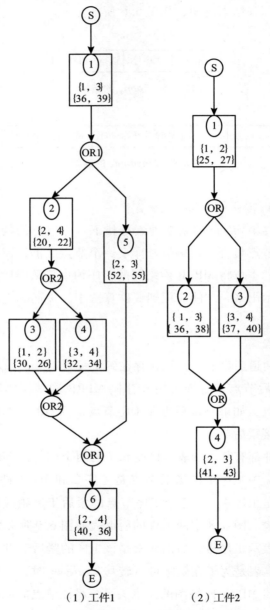

（1）工件1　　　　　（2）工件2

图 6.7　两工件的 MPRR 网络图

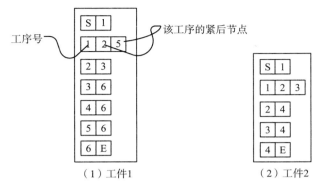

（1）工件1　　　　　（2）工件2

图 6.8　两工件的后继表

②同根表。

一个工件有多种不同的加工方法，在选择一道工序后，需要将相同特征的不同工序从 $allow_h$ 集中删除。

同根表用来存储工序的同根节点，即该工序和其同根节点的紧前节点是同一个 OR 节点。实质上该工序与其同根节点是对相同特征的不同实现方法，以图 6.7 为例，工件 1 中工序 2 的同根节点是工序 5，工序 3 的同根节点是工序 4。工件的各工序的同根结点组成该工件的同根表。图 6.7 中两工件的同根表如图 6.9 所示。在同根表中，第一列表示工序号，后面元素是该工序的同根节点。

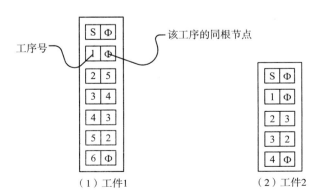

（1）工件1　　　　　（2）工件2

图 6.9　两工件的同根表

定义同根表是为了在确定可行转移集 $allow_h$ 时，在蚂蚁选择一节点后，将该节点和其同根节点从 $allow_h$ 集中删除。

③可行转移集 $allow_h$。

当蚂蚁选择一个节点之后，需要对可行转移集 $allow_h$ 更新，以确定蚂蚁在下一循环中的允许选择的节点。

结合上述定义的后继表和同根表，实现可行转移集 $allow_h$ 的更新，具体分为以下几步：

步骤1：蚂蚁 h 按状态转移规则选择一个工件、工序及设备节点 (job_s, p_k, m_g)，并将该节点存入 $Tabu_h$ 中；

步骤2：将已选择节点 (job_s, p_k, m_g) 从 $allow_h$ 集中删除，以防止蚂蚁重复选择该节点；

步骤3：在同根表中查找节点 (job_s, p_k, m_g) 的同根节点 (job_s, p_n)，将工件 job_s 工序 p_m 的所有节点从 $allow_h$ 集中删除，对于相同的特征的不同工序，防止蚂蚁下一次重复选择；

步骤4：在后继表中查找 (job_s, p_k, m_g) 的后继节点，将所有后继节点存入 $allow_h$ 集中。

从上述可行转移集 $allow_h$ 更新规则可以看出，用这种方式确定 $allow$ 集，所得工艺路线及调度策略满足 MPRR 网络图中各工序的次序约束关系，也同时满足各工序的资源选择情况。

（3）转移规则。

蚂蚁在一个工件、工序及设备节点 (job_i, p_j, m_l) 选择下一个节点 (job_s, p_k, m_g) 概率转移公式如下：

$$P_{ij}^h = \begin{cases} \dfrac{[\tau_{ij}(t)]^\alpha \cdot [\eta_{ij}(t)]^\beta}{\sum\limits_{s \in allowed_h} [\tau_{ij}(t)]^\alpha \cdot [\eta_{ij}(t)]^\beta}, & j \in allowed_h \\ 0, & \text{否则} \end{cases} \qquad (6-7)$$

式中：$P_{jk}^h(t)$ 是蚂蚁 h 在第 t 次遍历选择节点 (job_s, p_k, m_g) 的概率；

$\tau_{jk}(t)$ 是节点 (job_s, p_k, m_g) 的信息素；

$1/F_{jk}$ 表示启发函数，F_{jk} 定义为工件 job_s 中的工序 p_k 选择设备 m_g 的加工时间；

$allow_h$ 是蚂蚁 h 的可行转移集；

α 表示信息启发式因子，表示蚂蚁在迭代过程中信息素的重要程度；

β 表示期望启发式因子，表示启发函数的重要程度。

选择节点 (job_s，p_k，m_g) 的同时，记录调度的开始和结束时间。在 $Tabu_h$ 表中查找工件 job_s 工序 p_k 的紧前节点 p_m，即 $p_m \rightarrow p_k$，必须确定 p_m 已经加工完成，才能调度 p_k，即 p_k 的开始时间要大于 p_m 的完成时间 $T_{p_{m\_end}}$。因此 p_k 的开始时间是机器 m_g 前一道工序 p_r 加工完成时间 $T_{p_{r\_end}}$ 与 p_m 的完成时间 $T_{p_{m\_end}}$ 的最大值，即

$$T_{p_{k\_start}} = \max(T_{p_{m\_end}}, T_{p_{r\_end}}) \qquad (6-8)$$

（4）信息素更新策略的改进。

基本蚁群算法不区分蚁群中蚂蚁的行为结果，对所有蚂蚁经过的路径段按同样方式更新信息素，使得每次迭代中的问题求解信息较平均地分布在各个方向上，不能对后代蚂蚁形成有效的搜索引导，算法搜索效率较低，消耗时间较长。同时由于未采取有效的预防机制，当出现某一路径信息素浓度明显高于其他路径时，算法将过早收敛而不能从局部极值中跳出。针对基本蚁群算法收敛速度慢、易早熟的缺点，本书改进了信息素的更新策略。

由于蚂蚁每次迭代得到的可行解并不一定是最优解，本书提出当这个可行解不是最优解时，对蚂蚁遍历选择的节点只增加少量的信息素，而可行解是最优解时，则增加较多的信息素。

可行解不是最优解，蚂蚁选择节点的信息素增量按式（6-9）进行更新。

$$\Delta\tau_{jk}(t) = \Delta\tau_{jk}(t) + A\tau \qquad (6-9)$$

其中 $A\tau$ 为一个较小的常量。

可行解是最优解，蚂蚁选择节点的信息素的增量按式（6-10）进行更新。

$$\Delta\tau_{jk}(t) = \Delta\tau_{jk}(t) + \frac{Q}{F_h} \qquad (6-10)$$

其中 Q 是常数，表示信息素强度，F_h 表示蚂蚁 h 遍历一次选择的所有节点的目标函数值。当蚂蚁一次遍历结束后，需要按式（6-11）对信息素 $\tau_{jk}(t+1)$ 进行更新。

$$\tau_{jk}(t+1) = (1-\rho)\tau_{jk}(t) + \Delta\tau_{jk}(t) \qquad (6-11)$$

其中，ρ 表示信息素挥发系数，且 $\rho \in [0, 1]$。

与基本蚁群算法中均分问题求解信息不同，本书利用当前的全局最优路径可能包含部分最优路径路段，携带了更多有利于问题求解信息的特点，增强了当前全局最优解的信息素浓度，影响了后代蚂蚁的搜索方向，使其倾向于在最优解附近搜索，从而有效提高算法的收敛速度。但是，由于在算法执行的一段时间内全局最优解可能不会发生变化，因此其对应路段上的信息素将被重复增强，导致与其他路段差异过大，后代蚂蚁将会集中于当前全局最优解路径，而丧失了搜索其他可行解的能力，容易导致算法过早收敛。

为防止蚁群算法陷入局部最优，引入对 ρ 采取自适应控制的策略。当连续几代最优蚂蚁搜索得到的路径相同时，算法即陷入了局部收敛，按式（6-12）对 ρ 作自适应调整。

$$\rho(t+1) = \begin{cases} 0.9 \cdot \rho(t), & 0.9 \cdot \rho(t) > \rho_{\min} \\ \rho_{\min}, & \text{否则} \end{cases} \qquad (6-12)$$

其中，$\rho_{\min}$ 表示 ρ 的最小值，0.9 表示挥发约束系数。

为了避免蚁群算法应用过程中易出现的停滞问题，将寻优路径 u_{ij} 到 $u_{i+1,k}$ 上的信息素 τ_{jk} 始终限制在最大值与最小值之间，即对任一路径有 $\tau_{\min} \leqslant \tau_{jk} \leqslant \tau_{\max}$。综上所述，信息素更新策略如式（6-13）所示。

$$\tau_{jk}(t+1) = \begin{cases} \tau_{\min}, & \tau_{jk}(t) \leqslant \tau_{\min} \\ \text{式}（4-17）, & \tau_{\min} \leqslant \tau_{jk}(t) \leqslant \tau_{\max} \\ \tau_{\max}, & \tau_{jk}(t) \geqslant \tau_{\max} \end{cases} \qquad (6-13)$$

6.3.2.3　基于蚁群算法的集成流程

根据上述规则，得到了基于网络图的工艺路线规划与调度集成的蚁群求解流程，以工件、工序和设备作为基本优化单元，实现工艺路线与设备调度的并行、整体优化。具体步骤如下：

步骤 1：初始化；

步骤 2：蚁群集中于虚拟初始点 S，生成初始 $allow_h$ 集；

步骤 3：计算蚂蚁 h 的状态转移概率，选择一个工件、工序及设备节点 (job_s, p_k, m_g)，并将该节点存入 $Tabu_h$ 表中；

步骤 4：更新 $allow_h$ 集，

步骤 4.1：将已选择节点 (job_s, p_k, m_g) 从 $allow_h$ 集中删除，以防止蚂蚁重复选择该节点；

步骤 4.2：在同根表中查找节点 (job_s, p_k, m_g) 的同根节点 (job_s, p_n)，将工件 job_s 工序 p_m 的所有节点从 $allow_h$ 集中删除，对于相同特征的不同工序，防止蚂蚁下一次重复选择；

步骤 4.3：在后继表中查找 (job_s, p_k, m_g) 的后继节点，将所有后继节点存入 $allow_h$ 集中；

步骤 5：记录机器 m_g 调度工序 p_k 的开始时间和结束时间，

步骤 5.1：确定机器 m_g 前一道工序 p_r 加工完成时间 T_{Pr_end}；

步骤 5.2：确定工序 p_k 的紧前节点 p_m 的加工完成时间 T_{Pm_end}；

步骤 5.3：工序 p_k 的开始时间是 T_{Pr_end} 和 T_{Pm_end} 的最大值；

步骤 6：假如满足本次迭代的结束条件，即 $allow_h$ 集为空，则跳出本次循环，否则，跳转到步骤 3。

步骤 7：计算本次迭代的最好解；

步骤 8：按照改进的信息素更新规则，更新信息素；

步骤 9：假如满足算法的停止条件，即最大循环次数，则停止算法的执行，否则，跳转到步骤 2。

改进蚁群算法求解工艺路线规划与调度集成问题的流程框图如图 6.10 所示。

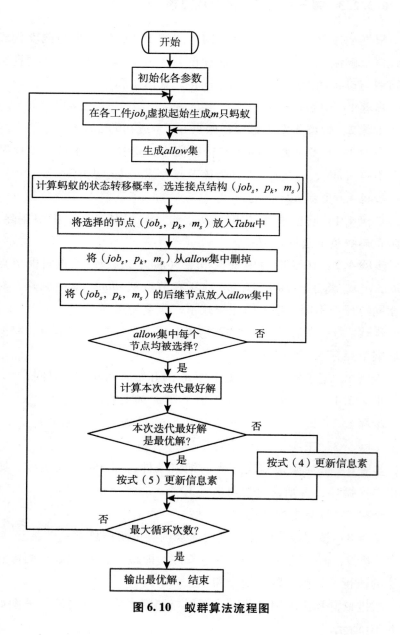

图 6.10　蚁群算法流程图

6.4 实例应用分析

本书对沈阳鼓风集团离心压缩机的主要零件——主轴、连杆和曲轴进行研究，验证本书设计的模型和算法求解工艺路线规划与调度集成问题的有效性。应企业的要求，对本书采用的相关工艺路线和数据进行了相应处理。

主轴、连杆和曲轴属于轴套类、杆类零件，归类到同一车间加工，可以调度的机器包括四台车床（两台用于粗加工、两台加于精加工）、一台摇臂钻床、一台立式铣床和一台内圆磨床，相应的机器编号如表 6.2 所示。表 6.3、表 6.4 和表 6.5 分别列出了主轴、连杆和曲轴的可选加工工序和可调度的机器情况，本书验证实例只考虑零件的主要加工表面的工序和加工时间。

表 6.2　　　　　　　　　　机器序号及名称

机器序号	机器名称	机器序号	机器名称
1	车床 CA6140 （用于粗加工）	5	立式铣床 X52K
2	车床 CA6140 （用于粗加工）	6	摇臂钻床 Z3050
3	车床 CA6140 （用于精加工）	7	磨床 M7120
4	车床 CA6140 （用于精加工）		

表 6.3　　　　　　　主轴加工工序内容及设备信息

工序号	工序内容	可选机器序号
1	钻中心孔	6
2	粗车外圆各表面	1
		2
3	钻、扩、铰通孔	6
4	粗镗通孔	1
		2

工序号	工序内容	可选机器序号
5	半精镗、精镗通孔	3 4
6	精镗两轴套内孔，装上中心塞	3 4
7	精车外圆，压入支撑套并精镗支承套内孔	3 4
8	铣键槽	5
9	磨外圆、外圆锥面	7

表 6.4　　　　　　　连杆加工工序内容及设备信息

工序号	工序内容	可选机器序号
1	钻中心孔	6
2	粗铣大小头端面、精铣大小头端面	5
3	精铣连杆体剖分面、连杆盖剖分面	5
4	钻连杆螺栓孔	6
5	粗镗连杆螺栓孔	1 2
6	精镗连杆螺栓孔	3 4
7	扩、铰连杆螺栓孔	6
8	精车连杆盖螺栓孔端面	3 4
9	粗镗大、小头孔	1 2
10	精镗大、小头孔	3 4

表 6.5　　　　　　　曲轴加工工序内容及设备信息

工序号	工序内容	可选机器序号
1/10	钻右端中心孔	6
2	粗车左端外圆、左端所有轴径、拐径外侧左右端面	1 2

续表

工序号	工序内容	可选机器序号
3/9	钻左端中心孔	6
4	粗车右端外圆、右端所有轴径、拐径外侧左右端面	1
		2
5	粗车拐径	1
		2
6	精车拐径、左端轴径、右端轴径	3
		4
7	铣键槽、右端轴径的槽	5
8	磨左端轴径、右端轴径、拐径、圆角	7

　　表6.5中同一工序内容用两个工序号表示是为了在MPRR网络图中对不同的待选工艺路线中都出现的工序加以区别。

　　由以上主轴、连杆和曲轴的可选加工工序和机器调度情况，得到各自的MPRR网络图，如图6.11所示。图中S和E分别表示所有可选工序及机器组成网络图的起始节点和结束节点，方框表示加工工序节点，用1，2，…，10表示，表示各加工工序，方框最上部的"∬"中的数字表示可选择的机器编号，下面的"∬"中的数字表示对应机器加工该工序的时间。OR子结构表示工艺路线可选择任一路径。

　　由主轴、连杆和曲轴的MPRR网络图得到其后继表和同根表分别如图6.12和图6.13所示。每个表中的第一列是工序号，后面是该工序的直接后继节点或同根节点所对应的工序号。

　　将MPRR网络图中工件、工序和加工设备所需时间作为工艺路线规划与调度集成的基本优化单元，应用蚁群算法求解最优工艺路线和调度策略。

　　本例采用Matlab软件编辑蚁群算法的程序，算法参数设置如下：信息启发式因子$\alpha = 3$，期望启发式因子$\beta = 1$，信息素挥发系数$\rho = 0.9$，信息素强度$Q = 0.2$，$A\tau = 0.1$，每代代工蚁为50只，最大迭代次数取200。

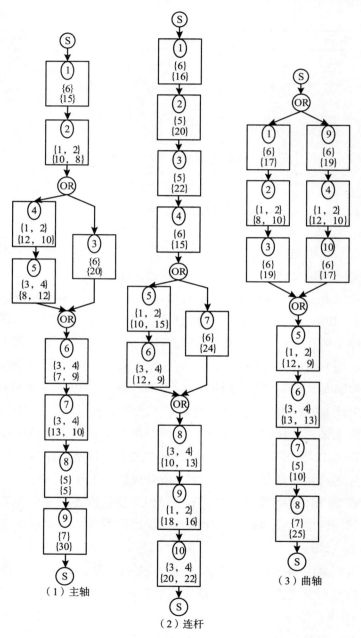

图 6.11 MPRR 网络图

（1）主轴　（2）连杆　（3）曲轴

图 6.12　后继表

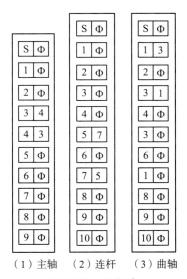

（1）主轴　（2）连杆　（3）曲轴

图 6.13　同根表

图 6.14 所示为工艺路线规划与调度集成优化过程中前 200 代的各代最优目标函数值变化曲线。ACO（ant cology algorithm）是基

本蚁群算法的优化曲线，IM - ACO（improved ant cology algorithm）是改进蚁群算法的优化曲线。两种方法的目标函数值，即调度总完成时间都能达到最优 146 分钟，最优解所对应的最优工艺路线和调度方案如表 6.6 所示。

ACO 和 IM - ACO 的参数设置完全相同，IM - ACO 改进了基本蚁群算法的信息素更新规则，并限制信息素的范围于 $[\tau_{min}, \tau_{max}]$。从图 6.14 中可以看出，基本蚁群算法需要 95 代左右收敛，而本书的改进蚁群算法只需要 43 代左右就能收敛到最优解，表现出明显的效率优势。

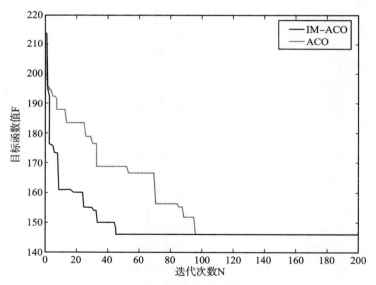

图 6.14　蚁群算法最优值变化曲线

表 6.6　　　　　　　　　最优工艺路线及资源调度情况

工件号	工序号	调用的机器号
2	1	6
2	2	5
1	1	6

续表

工件号	工序号	调用的机器号
3	1	6
1	2	2
3	2	1
1	4	2
1	5	3
1	6	3
2	3	5
1	7	4
1	8	5
2	4	6
2	5	1
1	9	7
3	3	6
3	5	2
2	6	4
2	8	3
2	9	2
3	6	4
3	7	5
2	10	3
3	8	7

　　调度方案可用图 6.15 的面向设备的甘特图进行描述。图中横轴表示时间，纵轴表示机器，方框中数字分别表示工件号和工序号，例如，在机床 6 上的加工顺序为 2 - 1→1 - 1→3 - 1→2 - 4→3 - 3，其中 2 - 1 表示第二个工件的第一道工序，其他依此类推。该调度方案符合 MPRR 网络图中可选设备、加工时间及工序间的优先约束关系，各工件的调度完成时间为 [83　118　138　111　121　92　146]。由图 6.14 和图 6.15 可知，通过上述算法，可以同时确定每个零件所选择的工艺路线、加工机床和所有零件的最后生产调度顺序。

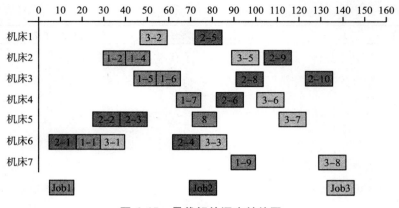

图 6.15 最优解的调度甘特图

通过实例分析可以得到如下结论:

（1）工艺路线规划与调度集成模型的合理性。在基于 MPRR 网络图表示方法的基础上，设计了 MPRR 网络图模型，以工件、工序和调备作为基本优化单元整体寻优，蚁群算法很好地解决了此问题，可以同时确定每个零件所选择的工艺路线、每个工序所选择的加工机床和所有零件的最后生产调度顺序。

（2）由本章方法确定的零件工艺路线及生产调度方案，实现了工艺路线与生产调度的协同优化，在工艺路线的设计阶段考虑了车间的资源情况，由此得出的生产调度方案可大大减少加工的等待时间，提高总设备利用率及降低制造成本。

（3）算法具有很好的稳定性。蚁群算法属于启发式随机搜索算法，算法稳定性是算法优劣的重要评价指标，蚁群算法的参数设置对于收敛速度及优化结果至关重要。经过 50 次试验分析，在上述参数情况下，基本蚁群算法中，蚁群在前 50 代以内主要通过大范围偏向性搜索寻找满足 MPRR 网络图工序约束条件的工艺路线及调度方案；在 50～100 代最优调度方案的指标逐渐优化，能够产生满意解。

（4）改进蚁群算法的收敛速度明显提高。通过对基本蚁群算法信息素更新规则的改进，并且限定信息素的范围，有效地避免了算法过早收敛于并非全局最优解，提高了算法的求解质量；同时使蚂蚁的搜索过程更具有指导性，增大了优劣工艺路线及调度方案在信息素上的差异，从而使蚂蚁的搜索行为能够很快地集中在最优路径附近，提高了算法的收敛速度。

第 7 章

基于连接结构的装配序列规划

装配序列规划（Assembly Sequence Planning，ASP）是在各种约束下规划出产品组成元件的装配顺序[149]。准确、高效的装配序列规划对保证产品的质量和可靠性，降低产品的成本和增强市场竞争力具有重要的意义。

许多学者对装配序列规划进行了大量的研究，在用有向图模型来表达装配体的基础上，文献［150］引入"割集"方法生成几何可行装配顺序，但是当零件数目较大时，可行装配序列变大，搜索效率低。文献［151］将基于知识的推理方法应用到装配序列规划中，弥补了效率上的不足，但装配知识获取困难。为了减小可行装配序列的搜索空间，提高搜索效率，文献［152］提出了基于连接结构的装配规划模型，文献［153－154］结合此模型和遗传算法解决装配序列规划问题，但遗传算法对反馈信息利用不够，容易产生大量冗余迭代。

鉴于此，为降低装配序列规划问题的复杂度，提高求解效率，本章在提出了连接结构的概念的基础上，以连接结构作为基本装配单元，屏蔽零件具体的特征，建立基于连接结构的装配序列规划模型，记录连接结构间的优先约束关系，研究了连接结构的概念和蚁群算法的融合方法，应用蚁群算法在模型中优先关系的指导下求解最优装配序列。

7.1 装配序列规划模型构建

良好的产品信息建模是有效进行装配序列规划的基础。复杂产品可能存在大量的可行装配顺序，如何建立装配模型是装配序列规划问题研究的一个重点。本节建立基于连接结构概念的装配模型，利用该模型对装配序列规划中的零件及其装配信息进行表达和描述。

7.1.1 连接结构的提出

从功能实现的角度分析，装配过程有两大类零件：一类是主要功能零件，即功能件；一类是标准或非标准的联结件/传动件等，统称为连接件，连接件对装配体的几何可行性和稳定性具有十分重要的作用。

本书在定义连接件的基础上，引出连接结构的概念，将其作为装配序列规划的基本单元。

定义 7.1：连接件（Connector）。

连接件是指在装配体中为了实现某种功能而传递几何约束的机械零件。根据连接件在装配过程中的功能不同，连接件的分类如表 7.1 所示[155]。

表 7.1 连接件的分类

	连接属性	机器序号	机器名称
固定	可拆卸	FD	螺钉、螺栓、键等
	不可拆卸	FND	铆钉、焊接等
活动	可拆卸	MD	轴、轴承、弹簧等
	不可拆卸	MND	球轴承等

定义 7.2：连接结构（Connector Structure）

定义为一个五元组：

$C = (CP, P, RC, RC, DC)$。

其中 $CP = \{cp_1, cp_2, \cdots, cp_m\}$ 表示连接件的集合，m 是连接件的个数。

P 是功能件的集合，n 是功能件的个数。

RC 是连接属性的集合，连接件和功能件之间有四种连接方式，如表 7.1 所示，固定可拆卸、固定不可拆卸、活动可拆卸、活动不可拆卸。

TC 是装配工具属性的集合，根据装配的难度分为四个类型，如表 7.2 所示。

DC 是装配方向的集合，共有六个方向，分别是 $\pm x$，$\pm y$ 和 $\pm z$。

连接结构的示意图如图 7.1 所示。

表 7.2　　　　　　　　　　　　装配工具的分类

类型	工具名称	装配操作
T_1	无	不需要工具，手工装配
T_2	螺丝刀、扳手、钳子等	需要简单的工具装配，零件之间基本无干涉
T_3	虎钳、扳手等	需要简单的工具装配，并需要其他工具协助装配
T_4	拖车等	需要特殊工具装配

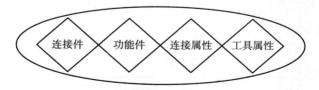

图 7.1　连接结构示意图

图 7.2 是一个简单的装配结构，其中包括 6 个连接结构，以连接体为 CP 的连接结构为例，表示为 $C = (cp, \{p_1, p_2\}, FD, T_2, -z)$。

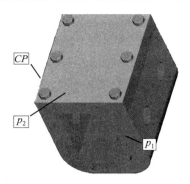

图 7.2　连接结构示意图

7.1.2　基于连接结构的装配序列规划模型

建立合适的装配模型是装配序列规划的基础和前提。装配单元的表达对于装配序列规划至关重要，而连接件在装配序列规划中起着重要的指导作用，因此，本书提出基于连接结构的装配模型[156－159]。

定义 7.3：基于连接结构的装配配型（CSAM）：描述装配体中连接结构间优先关系的有向图，定义为一个二元组：

$$CSAM = (CA, L)$$

其中 $CA = \{C_i \mid 1 \leqslant i \leqslant l\}$ 表示连接结构的集合，l 是连接结构的个数；

$L = \{C_i \rightarrow C_j \mid 1 \leqslant i, j \leqslant n, i \neq j\}$ 表示连接结构图有向边的集合，如果 C_i 和 C_j 存在关系且 $C_i \rightarrow C_j$，代表连接结构 C_j 要在 C_i 装配完之后才可以开始装配。

无论是连接件、还是被连接件，都是装配体中的一个零件，都具备零件的基本信息，如零件名称、特征、功能等。将连接结构作为一个装配单元来求解装配序列规划问题。

基于连接结构建立装配序列规划模型把功能件、连接件封装在连接结构之内，屏蔽零件具体的特征。对于产品中存在大量连接件的复杂产品，采用连接结构的建模方式，使图模型中节点数大大降低，简化了产品装配关系的表达，同时降低了装配序列规划问题的复杂度，提高求解效率。

　　以圆柱齿轮减速器为例说明装配序列规划的建模过程。图 7.3 是减速器的爆炸视图，共 29 个零件，各零件的含义如表 7.3 所示。在这 29 个零件中，有 12 个连接件，由这些连接件构造 12 个连接结构，如表 7.4 所示，最后形成装配序列规划模型，为了重点说明各连接结构之间的约束关系，各连接结构的属性在模型表示中省略。装配模型如图 7.4 所示。

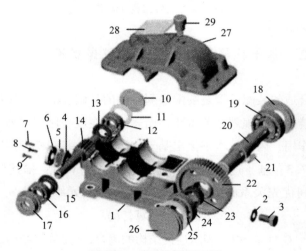

图 7.3　减速器爆炸视图

表 7.3　　　　　　　　　　　减速器各零件的含义

零件	含义	零件	含义	零件	含义
1	箱座	13	挡油环	22	大齿轮
2	垫圈	14	齿轮轴	23	轴套
3	油塞	15	挡油环	24	轴承
4~6	油面指示器	16	轴承	25	毛毡油封
7~9	螺钉	17、18	端盖	26	端盖
10	端盖	19	轴承	27	箱盖
11	密封毛毡	20	输出轴	28	观察孔盖板
12	轴套	21	键	29	检查孔

表 7.4 连接结构属性表

连接结构	加接属性	装配方向	装配工具属性	包含的零件
C_1	FD	– X	T_2	1、2、3
C_2	FD	X	T_2	1、4、5、6、7
C_3	MD	Y	T_3	10、11、12、13、14
C_4	MD	– Y	T_3	14、15、16、17
C_5	FD	X	T_1	20、21
C_6	MD	Y	T_3	18、19、20
C_7	MD	– Y	T_3	20、22、23、24、25、26
C_8	MD	– Z	T_1	1、14
C_9	MD	– Z	T_1	1、20
C_{10}	FD	– Z	T_2	27、28
C_{11}	FD	– Z	T_2	27、29
C_{12}	FD	– Z	T_2	1、27

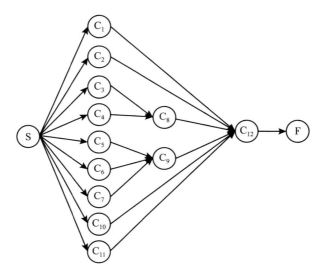

图 7.4　基于连接结构的装配模型

7.2 装配序列规划问题的数学描述

基于上述装配模型，应用蚁群算法求解。因此，需要首先对此模型及装配序列规划问题进行数学描述，以确定装配序列规划问题的目标及适应度函数。对装配序列规划问题进行数学描述是应用蚁群算法求解装配模型的基础。

7.2.1 适应度函数的建立

将连接结构作为一个基本装配单元，装配序列规划问题转化为：在满足规划模型中连接结构间装配次序约束关系的条件下，寻找一个装配策略，使得适应度函数值最小。

装配序列规划一般以装配的代价作为优化目标。本书提出一个产品装配序列的相邻连接结构间的差异性来评价装配序列。比较两个相邻连接结构 C_i 和 C_{i+1} 的差异性，从其属性，即连接方式、工具属性和装配方向这三个方面来比较。两连接结构连接方式的差异性，考虑的是连接结构的连接方式是否相同；工具属性的差异性，即使用工具的类型是否相同，决定了更换工具类型的次数；装配方向的差异性，即装配方向是否相同，即需要装配时是否需要重定位。

因此，在一个装配序列中，以装配方向的改变次数作为重定位次数，则适应度函数 F 表示为连接属性改变次数、重定位次数和工具的更换更数。最优的装配序列则是适应度函数最小的装配序列。

装配序列规划问题是一个多目标优化问题，评价指标是连接属性的差异、装配方向的改变和装配工具的更换。则连接结构 C_i 和 C_j 的差异性 SF_{ij} 如式（7-1）所示。

$$SF_{ij} = \omega_1 \cdot CPR_{ij} + \omega_2 \cdot D_{ij} + \omega_3 \cdot T_{ij} \qquad (7-1)$$

其中，ω_k 为权重，且 $\sum_{k=1}^{3} \omega_k = 1$。$i, j \in [1, s]$，$s$ 为连接结构的个数。装配该零件时，与前一个已装配零件进行比较，判断连接属性、装配方向和装配工具是否发生改变。CPR_{ij} 表示连接结构 C_i 和 C_j 连接属性是否相同，表达式如式（7-2）所示：

$$CPR_{ij} = \begin{cases} 1 & C_i \text{ 和 } C_j \text{ 的连接属性不同} \\ 0.1 & C_i \text{ 和 } C_j \text{ 的连接属性相同} \end{cases} \quad (7-2)$$

D_{ij} 表示 C_i 和 C_j 的装配方向是否改变，表达式如式（7-3）所示：

$$D_{ij} = \begin{cases} 1 & C_i \text{ 和 } C_j \text{ 的装配方向改变} \\ 0.1 & C_i \text{ 和 } C_j \text{ 的装配方向没有改变} \end{cases} \quad (7-3)$$

T_{ij} 表示 C_i 和 C_j 的装配工具是否改变，表达式如式（7-4）所示：

$$T_{ij} = \begin{cases} 1 & C_i \text{ 和 } C_j \text{ 装配工具改变} \\ 0.1 & C_i \text{ 和 } C_j \text{ 装配工具没有改变} \end{cases} \quad (7-4)$$

基于两个连接结构的差异性 SF_{ij} 建立差异性矩阵 S，且 $S_{ij} = SF_{ij}$，表示第 i 行的 C_i 和第 j 列的 C_j 的差异性。

因此，适应度函数 F 表示为装配序列中相邻连接结构的连接属性、装配方向和装配工具差异性之和，如式（7-5）所示：

$$F = \sum_{1}^{s-1} SF_{i,i+1} \quad (7-5)$$

以图 7.4 中的装配序列规划模型为例，建立差异性矩阵。假设 $\omega_1 = \omega_2 = \frac{1}{4}$，$\omega_3 = \frac{1}{2}$。由表 7.2 中各连接结构的属性表可以得出两连接结构的差异性。以 SF_{12} 为例，即连接结构 C_1 和 C_2 的差异性，$SF_{12} = \frac{1}{4} \times 0.1 + \frac{1}{4} \times 1 + \frac{1}{2} \times 0.1 = 0.325$。则差异性矩阵 S 如表 7.5 所示。

表 7.5　　　　　　　　连接结构的差异性矩阵 S

	C_1	C_2	C_3	C_4	C_5	C_6	C_7	C_8	C_9	C_{10}	C_{11}	C_{12}
C_1	···	0.352	1	1	1	1	1	1	1	0.325	0.325	0.325
C_2	0.325	···	1	1	0.55	1	1	1	1	0.55	0.55	0.55
C_3	1	1	···	0.55	1	0.1	0.55	0.775	0.775	1	1	1
C_4	1	1	0.55	···	1	0.325	0.1	0.775	0.775	1	1	1
C_5	1	0.55	1	1	···	1	1	0.775	0.775	0.775	0.775	0.775
C_6	1	1	0.1	0.325	1	···	0.55	0.775	0.775	0.775	0.775	0.775
C_7	1	1	0.55	0.1	1	0.55	···	0.775	0.775	1	1	1
C_8	1	1	0.775	0.775	0.775	0.775	0.775	···	0.1	0.55	0.55	0.55
C_9	1	1	0.775	0.775	0.775	0.775	0.775	0.1	···	0.55	0.55	0.55
C_{10}	0.325	0.55	1	1	0.775	0.775	1	0.55	0.55	···	0.1	0.1
C_{11}	0.325	0.55	1	1	0.775	0.775	1	0.55	0.55	0.1	···	0.1
C_{12}	0.325	0.55	1	1	0.775	0.775	1	0.55	0.55	0.1	0.1	···

7.2.2　组合权重法确定指标权重

权重的确定需要比较全面的反映属性的相对重要程度，因此需要既注重专家的经验估计，又要重视反映指标信息量大小的客观权重。本书采用主客观赋权方法的结合，其中主观权重的确定选用层次分析法，客观权重的确定选用熵值法。

（1）层次分析法。

层次分析法（Analytical Hierarchy Process，AHP）是美国运筹学家 T. L. Saaty 于 20 世纪 70 年代提出的一种定量与定性相结合的多目标决策分析方法[160-162]。采用层次分析法确定主观权重主要分为以下几个步骤：

①建立递阶层次结构，逐层逐项进行元素之间的比较。一般对单一准则，两个方案进行比较总能判断出优劣，层次分析法采用 1~9 标度方法，对不同情况的评比给予数量标度，如表 7.6 所示。

表 7.6	层次分析法 1~9 标度含义
标度值	含义
1	表示两因素比较，具有同等的重要性
3	表示两因素比较，一个因素比另一个因素稍重要
5	表示两因素比较，一个因素比另一个因素重要得多
7	表示两因素比较，一个因素比另一个因素更重要
9	表示两因素比较，一个因素比另一个因素极端重要
2，4，6，8	指标介于两相邻等级之间

②构造判断矩阵。

把所有目标 A_i 相对于目标 A_j 的判断系数作为元素组成 $m \times m$ 阶矩阵 A，称为判断矩阵。判断矩阵具有以下特征：

①$a_{ii} = 1(i = 1，2，\cdots，m)$；

②$a_{ij} = \dfrac{1}{a_{ij}}$ $(i，j = 1，2，\cdots，m)$。

③一致性检验。

当判断矩阵 A 为完全一致性时，其最大特征根为 $\lambda_{\max} = m$；但要求判断矩阵满足大体一致性时，为检验判断矩阵的一致性，需要计算其一致性指标 $CI = \dfrac{\lambda_{\max} - m}{m - 1}$。可以看出，当 CI 为 0 时，具有完全一致性；CI 越大，一致性越差；CI 越小，表明判断矩阵越接近于完全一致性。

对复杂问题进行判断时，做到完全一致性比较困难，但是必须要有满意的一致性。为此，将 CI 与平均随机一致性指标 RI 进行比较。记 $CR = \dfrac{CI}{RI} = \dfrac{\lambda_{\max} - m}{(m - 1)\ RI}$，称为随机一致性比率。一般规定，当 $CR < 0.1$ 时，判断矩阵具有满意的一致性，相应地所确定出的一组权系数可以被接受[163]。

④计算判断矩阵 A 的特征向量即为不同评价指标对应的权重。

（2）熵值法。

熵值法是基于概率论来衡量不确定程度的量度[164-166]。用熵值法求解目标属性客观权重的算法步骤如下。

熵的定义为如果一个系统有 n 种不同的自然状态，每种状态出现的概率为 $p_i(i=1,2,\cdots,n)$ 时，则该系统的熵为：

$$E = -\sum_{i=1}^{n} p_i \ln p_i \qquad (7-6)$$

式中，$0 \leqslant p_i \leqslant 1$，$\sum_{i=1}^{n} p_i = 1$。

对于有 m 个样本，n 个指标的原始指标矩阵 $R = (x_{ij})_{m \times n}$。指标 x_i 的信息熵：

$$E_i = -\sum_{j=1}^{m} p_{ji} \ln p_{ji} \qquad (7-7)$$

式中，$p_{ji} = \dfrac{x_{ji}}{\sum\limits_{j=1}^{m} x_{ji}}$。

指标不同，特性也不同，需要选择不同的从优原则，记 d_{ji} 为 x_{ji} 与 x_i^* 的贴近度，对于正指标最优值 x_i^* 越大越好，即：

$$d_{ji} = \frac{x_{ji}}{x_i^*}, \quad x_i^* = \max\{x_{ji}\} \qquad (7-8)$$

对于逆指标 x_i^* 越小越好，即：

$$d_{ji} = \frac{x_i^*}{x_{ji}}, \quad x_i^* = \min\{x_{ji}\} \qquad (7-9)$$

根据定义，用 n 个指标 m 个样本的熵 E 为：

$$E = -\sum_{i=1}^{n} \sum_{j=1}^{m} d_{ji} \ln d_{ji} \qquad (7-10)$$

指标 i 重要性熵为：

$$e_i = \frac{1}{\ln m} \sum_{j=1}^{m} \frac{d_{ji}}{d_i} \ln \frac{d_{ji}}{d_i} \qquad (7-11)$$

式（7-11）中，$d_i = \sum\limits_{j=1}^{m} d_{ji}$。

基于上述理论，得到用熵值法求解目标属性客观权重的算法步骤如下。

①构造目标属性矩阵 $R = (r_{ij})_{m \times n}$，$r_{ij}$ 表示第 i 个连接结构的第 j 个属性值。

②将目标属性矩阵 R 列归一化：

$$R = (r_{ij})_{m \times n} = \frac{r_{ij}}{\sum_{i=1}^{m} r_{ij}} \tag{7-12}$$

③计算每个指标的熵值：

$$E_j = -\frac{1}{\ln n} \sum_{i=1}^{m} r_{ij} \ln r_{ij} \tag{7-13}$$

④计算每个指标的客观权重向量 $e = (e_1, e_2, \cdots, e_n)$：

$$e_i = \frac{(1 - E_j)}{\sum_{k=1}^{n} (1 - E_k)} \tag{7-14}$$

（3）组合权重法确定指标权重。

将运用 AHP 和熵权法求解出的目标属性的主客观权重 δ_i，e_i 进行融合计算[167-168]，得到组合权重向量 $\omega = (\omega_1, \omega_2, \cdots, \omega_n)$ 作为目标各个属性的权重。

$$\omega_i = \frac{\delta_i e_i}{\sum_{i=1}^{n} \delta_i e_i} \tag{7-15}$$

7.3　装配序列规划的蚁群优化方法

基于蚁群算法的装配序列规划问题需首先生成一定数量的蚂蚁，然后令所有蚂蚁规划的起点都位于初始点 S。每个蚂蚁按照连接结构模型中优先约束的要求，概率性地选择下一步安装的零件，直到所有零件都被选择，生成可行的装配序列。最后计算装配序列的目标函数值。依据此结果对路径上的信息素进行调整和更新。不断反复和循环，直到所有蚂蚁都汇集到一条路径上，即为所求的最优装配序列。

7.3.1 装配序列规划的蚁群算法设计

在零件的装配过程中，在满足规划模型中连接结构关系约束的条件下，各连接结构构成了装配序列规划的求解空间。初始阶段令蚂蚁集中于虚拟起始点 S，逐步选择 s 个连接结构来确定装配序列。

当蚁群个体在选择下一个连接结构之前，需要确定下一步可选择的待装配零件集合，即可行转移集 allow。

在基于连接结构的装配序列规划模型中，某结点的前驱结点是指从起始点 S 经所有路径到该结点，途经的所有结点；对于任意两个连接结构 C_i 和 C_j，且 $C_i \rightarrow C_j$，则称 C_j 为 C_i 的后继结点。

某个连接结构进入 allow 集的条件是在当前迭代中，该连接结构的所有前驱结点都已经安装。具体步骤是：在安装完一个连接结构 C_t 后，将其从 allow 集中删除，查找 C_t 的所有后继结点，构成集合 A，且 $C_h \in A$，$h \in [1, n]$（n 是集合 A 元素的个数），确定 C_h 的所有前驱结点是否被安装，若全部前驱结点都被安装，则将 C_h 存入 allow 集。用这种方式确定 allow 集，规划出的序列能够满足 DAG 图中连接结构间装配次序约束关系。

蚂蚁在连接结构 C_j 选择下一个连接结构 C_k 的信息素为 $\tau_{jk}(t)$。$P_{jk}^h(t)$ 是蚂蚁 h 在第 t 次遍历选择 C_k 的概率。状态转移概率公式如下：

$$P_{jk}^h(t) = \begin{cases} \dfrac{[\tau_{jk}(t)]^\alpha \cdot \left[\dfrac{1}{F_{jk}}\right]^\beta}{\sum\limits_{s \in allowed_h} [\tau_{js}(t)]^\alpha \cdot \left[\dfrac{1}{F_{js}}\right]^\beta} & k \in allowed_h \\ \\ 0 & 否则 \end{cases}$$

$$(7-16)$$

其中，$allowed_h$ 表示蚂蚁 h 在此次迭代过程中的可行转移集。$1/F_{jk}$ 表示启发函数，F_{jk} 定义为连接结构 C_j 和 C_k 的目标函数值，α 表示信息启发式因子，β 表示期望启发式因子。

信息素更新是蚁群算法的重要步骤。由于蚂蚁每次迭代得到的可行解并不一定是最优解，基本蚁群算法的更新方法容易陷入局部最优甚至停滞，因此当这个可行解不是最优解时，对蚂蚁遍历选择的连接结构只增加少量的信息素，而可行解是最优解时，则增加较多的信息素。

（1）可行解不是最优解，蚂蚁选择的连接结构的信息素增量按式（7 – 17）进行更新。

$$\Delta\tau_{jk}(t) = \Delta\tau_{jk}(t) + A\tau \qquad (7-17)$$

其中，$A\tau$ 为一个较小的常量。

（2）可行解是最优解，蚂蚁选择的连接结构的信息素的增量按式（7 – 18）进行更新。

$$\Delta\tau_{jk}(t) = \Delta\tau_{jk}(t) + \frac{Q}{L_h} \qquad (7-18)$$

其中，Q 是常数，表示信息素强度，L_h 表示蚂蚁 h 遍历一次选择的所有连接结构形成装配序列的目标函数值。当蚂蚁一次遍历结束后，需要按式（7 – 19）对信息素 $\tau_{jk}(t+1)$ 进行更新。

$$\tau_{jk}(t+1) = (1-\rho)\tau_{jk}(t) + \Delta\tau_{jk}(t) \qquad (7-19)$$

其中，ρ 表示信息素挥发系数，且 $\rho \in [0, 1]$。

为防止蚁群算法陷入局部最优，引入对 ρ 采取自适应控制的策略。当连续几代最优蚂蚁搜索得到的路径相同时，算法即陷入了局部收敛，按式（7 – 20）对 ρ 作自适应调整。

$$\rho(t+1) = \begin{cases} 0.9 \cdot \rho(t) & 0.9 \cdot \rho(t) > \rho_{\min} \\ \rho_{\min} & \text{否则} \end{cases} \qquad (7-20)$$

其中，$\rho_{\min}$ 表示 ρ 的最小值，0.9 表示挥发约束系数。

为了避免蚁群算法应用过程中易出现的停滞问题，将寻优路径 u_{ij} 到 $u_{i+1,k}$ 上的信息素 τ_{jk} 始终限制在最大值与最小值之间，即对任意

一路径有 $\tau_{\min} \leqslant \tau_{jk} \leqslant \tau_{\max}$。综上所述，信息素更新策略如式（7 – 21）所示。

$$\tau_{jk}(t+1) = \begin{cases} \tau_{\min} & \tau_{jk}(t) \leqslant \tau_{\min} \\ 式（5 - 18） & \tau_{\min} \leqslant \tau_{jk}(t) \leqslant \tau_{\max} \\ \tau_{\max} & \tau_{jk}(t) \geqslant \tau_{\max} \end{cases} \qquad (7 - 21)$$

7.3.2　基于改进蚁群算法的规划流程

根据上述规则，得到了基于连接结构的装配序列规划的蚁群算法求解流程。以连接结构作为基本寻优单元，在装配序列规划模型的约束下确定最优装配序列。具体步骤如下。

步骤 1：初始化；

步骤 2：蚁群集中于虚拟初始点 S，生成初始 $allow_h$ 集；

步骤 3：计算蚂蚁 h 的状态转移概率，选择一个连接结构 C_j，并将该节点存入 $Tabu_h$ 表中；

步骤 4：更新 $allow_h$ 集，

步骤 4.1：将已选择节点 C_j 从 $allow_h$ 集中删除，以防止蚂蚁重复选择该节点；

步骤 4.2：查找 C_j 的所有后继结点，构成集合 A；

步骤 4.3：对 A 中的所有元素，确定是否能加入 $allow$ 集中，

步骤 4.3.1：对 A 中任一连接结构 C_h，确定 C_h 的所有前驱结点，

步骤 4.3.2：若 C_h 的所有前驱结点均被安装，将 C_h 存入 $allow$ 集，若 C_h 的前驱结点中有未被安装的连接结构，则不能将 C_h 存入 $allow$ 集；

步骤 5：假如满足本次迭代的结束条件，即每个连接结构均被安装，则跳出本次循环，否则，跳转到步骤 3；

步骤 6：计算本次迭代的最好解；

步骤 7：按照改进的信息素更新规则更新信息素；

步骤8：假如满足算法的停止条件，即最大循环次数，则停止算法的执行，否则，跳转到步骤2。

改进蚁群算法求解工艺路线规划与调度集成问题的流程框图如图7.5所示。

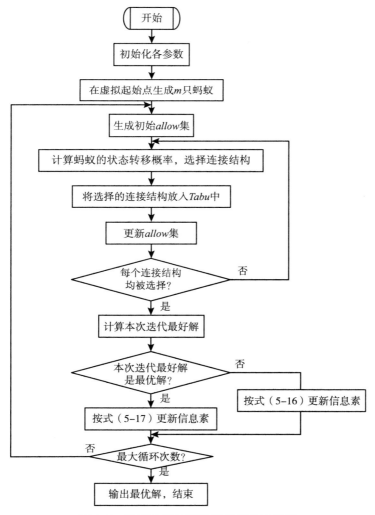

图7.5　装配序列规划的蚁群算法流程图

7.4　实例仿真分析

为了验证提出的模型和算法的有效性，本书以压缩机的重要组成部分——转子及相关零件为例解决装配序列规划问题。共有 17 个零件，爆炸图如图 7.6 所示，各零件的含义如表 7.7 所示。

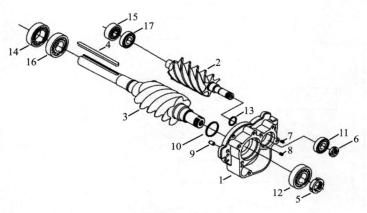

图 7.6　爆炸图

表 7.7　　　　　　　　　　离心压缩机各零件的含义

零件	含义	零件	含义	零件	含义
1	气缸	5 ~ 6	滚珠轴承	10	内轴承环
2	阴转子	7	进气口	11 ~ 12	滚珠轴承
3	阳转子	8	平键	13	内轴承环
4	键	9	排气口	14 ~ 17	滚珠轴承

通过对上述各零件进行分析得到 10 个连接结构，各连接结构的属性如表 7.8 所示，装配约束关系如图 7.7 所示。将这 10 个连接结构作为装配序列规划问题的基本元素，在装配约束关系下，应用蚁群算法求解最优装配序列。

表 7.8   连接结构属性表

连接结构	加接属性	装配方向	装配工具属性	包含的零件
C_1	MD	X	T_3	1、3、10
C_2	MD	X	T_1	1、9
C_3	MD	$-Z$	T_1	3、4
C_4	MD	X	T_2	3、14、16
C_5	MD	X	T_3	1、2、13
C_6	MD	$-X$	T_2	2、17、15
C_7	MD	$-X$	T_2	1、7
C_8	MD	$-X$	T_2	1、8
C_9	MD	$-X$	T_3	2、6、11
C_{10}	MD	$-X$	T_3	3、5、12

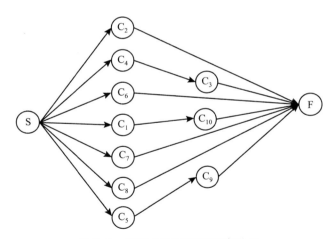

图 7.7　连接结构的装配约束关系

　　为了求解蚁群算法中的适应度函数 F，建立了各连接结构间的差异性矩阵 S 如表 7.9 所示。

表 7.9　　　　　　　　　　　　　连接结构的差异性矩阵 S

	C_1	C_2	C_3	C_4	C_5	C_6	C_7	C_8	C_9	C_{10}
C_1	⋯	0.343	1	0.343	0.1	0.829	0.829	0.829	0.586	0.586
C_2	0.343	⋯	0.757	0.343	0.343	0.829	0.829	0.829	0.829	0.829
C_3	1	0.757	⋯	1	1	1	1	1	1	1
C_4	0.343	0.343	1	⋯	0.343	0.586	0.586	0.586	0.829	0.829
C_5	0.1	0.343	1	0.343	⋯	0.829	0.829	0.829	0.586	0.586
C_6	0.829	0.829	1	0.586	0.829	⋯	0.1	0.1	0.343	0.343
C_7	0.829	0.829	1	0.586	0.829	0.1	⋯	0.1	0.343	0.343
C_8	0.829	0.829	1	0.586	0.829	0.1	0.1	⋯	0.343	0.343
C_9	0.586	0.829	1	0.829	0.586	0.343	0.343	0.343	⋯	0.1
C_{10}	0.586	0.829	1	0.829	0.586	0.343	0.343	0.343	0.1	⋯

本算例采用 Matlab 软件编辑蚁群算法的程序，算法参数设置如下：信息启发式因子 $\alpha = 3$，期望启发式因子 $\beta = 1$，信息素挥发系数 $\rho = 0.9$，信息素强度 $Q = 0.2$，$A\tau = 0.1$，每代代工蚁为 50 只，最大迭代次数取 200。

应用蚁群算法和改进蚁群算法进行优化计算，每一代中目标函数值随代数的变化如图 7.8 所示，ACO（ant cology algorithm）是基本蚁群算法的优化曲线，IM - ACO（improved ant cology algorithm）是改进蚁群算法的优化曲线。两种方法都取得最优解 3.015，但是基本蚁群算法需要 100 代左右，而本书的改进蚁群算法只需要 40 代左右就能收敛到最优解，改进蚁群算法帮助蚁群更快更好地找到了最优解，表现出明显的效率优势，如图 7.8 所示。应用改进蚁群算法求解出的一个典型的最优装配序列为 $C_2 \rightarrow C_5 \rightarrow C_1 \rightarrow C_4 \rightarrow C_8 \rightarrow C_7 \rightarrow C_6 \rightarrow C_{10} \rightarrow C_9 \rightarrow C_3$，且该解与企业的实际情况基本吻合，说明了该方法的有效性。

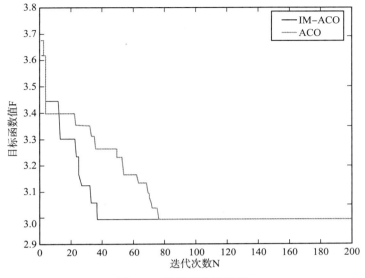

图7.8 蚁群算法流程图

通过提出的装配序列规划模型及蚁群算法对压缩机中转子及相关零件的最优装配序列求解，可以得到如下结论：

（1）基于连接结构的装配模型的提出，有效地降低了装配序列规划问题求解的复杂度，本书中实例由 17 个零件组成，通过分析得到 10 个连接结构，而对于更复杂的装配体，更能体现其优势。

（2）基于装配序列模型，在装配关系的约束下，由蚁群算法求解得到了最优装配序列，很好地解决了装配序列规划问题。

（3）求解出的最优装配序列符合企业生产实际，提高装配序列的求解效率，极大地缩短了装配时间和制造时间。

（4）算法具有很好的稳定性，在基本蚁群算法中，在 40～80 代目标函数值逐渐优化趋近于最优解。通过对基本蚁群算法信息素更新规则的改进，并且限定信息素的范围，求解质量和收敛速度明显提高。

第8章

协同工艺设计与管理
原型系统构建

为了满足供应链各参与对象间的协调运作，及时进行信息共享，本章在前面对网络化制造模式下的供应链运作管理核心内容描述的基础上，对运作中涉及的主要内容——生产、库存、销售、预测、协调以及调度等构建系统平台。以沈阳鼓风机（集团）有限公司为背景企业，对其分析系统构建的可行性，通过描述系统的功能结构，采用 Java、JSP、SQL2000 等技术建立网络化制造的供应链运作原型系统。

8.1　系统开发背景

协同工艺设计与管理系统的开发需要依托实际的企业背景，考虑到沈阳鼓风机（集团）有限公司的工艺设计模式、生产模式以及信息化程度都与本书有较好的相融之处，因此，结合其主导产品离心压缩机进行原型系统的开发。

8.1.1　背景企业介绍

沈阳鼓风机（集团）有限公司是沈阳通用机械产业中的骨干企

业，是国家大型骨干企业，是中国风机质量监督检测中心和鼓风机研究所的所在地。沈阳鼓风机（集团）有限公司在 20 多年的生产经营中，把管理作为生产力，以超前的思维，不断引进世界先进的管理思想、管理方法和手段，应用于企业的管理实践，推动企业跃上了管理现代化和信息化的台阶。企业的现代化管理始于 20 世纪80 年代初，依据企业的发展需要，引进了质量管理、计划管理、物流供应链管理、市场预测等现代管理方法，应用于企业的管理实践，促进企业规范运作。

　　同时，企业还以超前的思维，在全国率先引进了 IBM 大型计算机，应用于产品开发设计及企业管理，拉开了企业管理信息化的序幕。目前已经实现了生产管理与经营决策、产品工程设计（CAD/CAM/CAPP）和车间自动化三个应用分系统间的信息集成。

8.1.2　主要依托产品介绍

　　本书将以企业主导产品—离心式压缩机为背景进行协同工艺设计与管理系统开发与设计，因此，对企业离心式压缩机作简要的介绍。

　　离心式压缩机是一种叶片旋转式压缩机（即透平式压缩机）。在离心式压缩机中，高速旋转的叶轮给予气体的离心力作用，以及在扩压通道中给予气体的扩压作用，使气体压力得到提高。气体因离心作用增加了压力，还可以很大的速度离开工作轮，气体经扩压器逐渐降低了速度，动能转变为静压能，进一步增加了压力。离心式压缩机已经成为压缩和输送化工生产中各种气体的关键机器，占有极其重要的地位。

　　离心式压缩机包含的部件众多，其主体由转子及定子两大部分组成，其整体三维模型如图 8.1 所示。

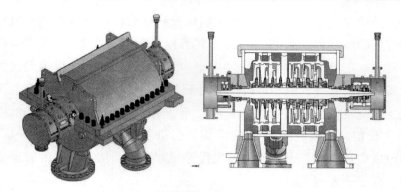

图 8.1　压缩机三维模型

转子是可以转动的零、部件，它包括主轴，固定在轴上的叶轮、隔套、平衡盘、轴套、螺母、联轴器等零部件，如图 8.2 所示（1—主轴；2—联轴器；3—螺母；4—隔套；5—叶轮）。

图 8.2　压缩机转子图

定子是不可以转动的零部件，它包括机壳、气缸，定位于缸体上的各种隔板以及轴承、密封等，如图 8.3 所示（1—机壳；2—隔板；3—密封；4—进、出风筒）。

除此之外，辅助设备有底座、油站、油管路、气体冷却器、变速机、汽轮机、控制系统、防振系统等。

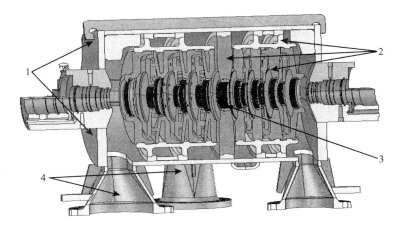

图 8.3　压缩机定子剖视图

由于离心压缩机结构复杂，工艺难度大，因此对该设备的工艺设计提出更高的要求，需要组建虚拟团队对产品进行协同工艺设计，以及在整个工艺设计的过程中的管理，并且需要和设计部门、制造部门以及标准件供应等部门之间协同合作，因此，实施协同工艺设计与管理系统可以满足该企业对上述工艺设计与管理的需求。

8.1.3　企业构建协同工艺设计与管理系统的必要性

沈阳鼓风机（集团）有限公司从 20 世纪 70 年代就开始 CIMS 工程的建设工作，到目前已经形成比较完善的 ERP 系统结构，开发了沈鼓自己品牌的 ERP，并且把自己研发的沈鼓 ERP 系统推向市场，为国内制造企业提供 ERP 产品及服务。

但是，随着信息技术的发展，尤其是伴随着网络化制造模式的出现与高速发展，工艺设计系统的发展滞后，已经不能满足企业的需要，因此，企业需要构建网络化制造模式下的协同工艺设计与管理系统。

（1）企业实施网络化制造模式的必要性。

从企业的基本信息可以知道，沈阳鼓风集团有限责任公司是一个大型企业集团，生产的主导产品压缩机、鼓风机技术含量高。企业的产品设计（尤其是一些零部件的设计）需要利用其他国内、外厂家的优势设计资源，对产品进行协同开发。

沈鼓集团目前在国内虽已经是行业的龙头，然而在国际上的竞争力仍显得不足，主要问题在于企业不能跨越地域的限制，并高效利用其他的优势资源。因此，沈鼓集团需要采用先进的网络化制造技术，从与客户（石化行业、冶金行业、天然气输送、环保等行业）建立业务关系、签订产品订单开始，到与合作伙伴进行协同产品设计，到最终为用户提供基于网络的产品全生命周期的优质服务和技术支持。这样才能够真正降低企业运作成本，利用其他企业优势的设计资源、人力资源等提高产品协同设计质量，实现以客户为中心的生产经营战略。

沈鼓集团通过实施网络化制造模式可以实现以下的目标。

①企业产品设计生产管理模式的创新：从企业自身的独立设计、独立制造，向设计制造协同和集成化方向发展，并且向着产品的全生命周期管理的方向发展；

②企业网络信息技术应用范围的扩大：在广度上，从部门级应用、企业内集成，发展到企业间集成；在深度上，从信息集成、过程集成，发展到知识集成、制造技术集成和协同。

（2）构建协同工艺设计与管理系统的必要性。

从目前的沈鼓集团供应链现状看，产品的一些零部件，需要利用其他国内、外厂家的优势资源，对产品进行协同开发，这就决定了该企业产品的协作模作。根据数次调研，企业与协作企业之间受到地域限制，不能及时与协作企业、客户进行信息交互，同时来自企业内部的销售、客户服务、市场、生产等部门的产品信息是离散的。因此，公司各部门和协作企业间形成了信息孤岛，从而导致工作效率低、不能及时响应市场的需求。

企业原有的 CAPP 系统不支持协同工艺设计的要求，因此，通过协同工艺设计与管理系统可以使分散的企业集成在一起，形成一个逻辑上集中、物理上分散的虚拟组织，使合作企业在网络化制造模式下联系在一起时进行协同，达到高效响应市场的目的。因此，很有必要对沈鼓集团网络化制造模式下的协同工艺设计与管理系统构建进行研究。

8.1.4　系统可行性分析

可行性分析是开发新系统之前，对系统涉及的相关方面进行考查，以确定是否具备开发新系统的各项条件。本书从理论、技术、应用性等方面对该系统的可行性进行分析。

（1）理论可行性。

东北大学网络化制造实验室王宛山教授对网络化制造技术进行了多年深入的研究，取得了丰硕的研究成果。实验室近些年来关于网络化制造技术、信息化建设方面也取得了一定研究成果，积累了相当丰富的经验，这些都为本系统的开发与实现奠定了宝贵的理论基础。

（2）技术可行性。

协同工艺设计与管理系统的开发主要采用现在流行的分布式对象技术，即由 SUN 公司推出的 J2EE（Java's 2 Platform Enterprise Edition）企业应用规范，其原理主要是面向 HTML、XML 等页面以及运行于浏览器端的 Applet 小应用程序，通过应用服务器（WebLogic，WebSphere，Juguar 等）中的 Web 包容器管理，采用 JSP 和 Servlet 技术动态显示面向用户的页面；通过应用服务器中的 EJB（Enterprise JavaBeans，Java，分布式组件）包容器管理实现企业的业务逻辑功能；通过功能强大的 JDBC（Java DataBase Connectivity）进行数据库的管理工作，可以支持多种数据库。

J2EE 平台可以安全、准确地连接个人信息和企业数据，同时能够授权他人连接到这些信息；其创建的应用程序和服务更容易、更有效地集成在一起。J2EE 是一项开放的技术，除了 Windows 平台外，还支持 Unix、Linux 等操作系统。J2EE 受许多公司的支持，包括：SUN、IBM、Bea、Sybase、Borland、Oracle 等。J2EE 是完全的 Java 技术，因此保持了 Java 平台无关性的特点。这些开发软件在实际应用中都是比较成熟的，为本系统的开发提供了强有力的技术支持。

（3）应用可行性。

从企业背景介绍中可以看出，沈阳鼓风机（集团）有限公司应用了 CAPP 系统进行辅助工艺设计，而协同技术与工作流管理却没有在 CAPP 系统中体现。因此，从目的和应用上来说，企业和本书都是为了提高工艺设计水平、缩短产品开发周期、提高产品质量。

8.2　协同工艺设计与管理系统总体设计

系统总体设计是协同工艺设计与管理系统开发的基础环节，在系统可行性分析的基础上，确定系统的架构、工作流程以及体系结构，以保证系统开发的顺利进行。

8.2.1　系统结构设计

设计系统的总体结构时，采用了 J2EE 企业技术架构以及该架构的首选——MVC 模式，应用 JSP 和 Servlet 技术开发客户端动态显示页面，同时应用 EJB 组件实现系统的逻辑功能，通过 JDBC 来实现数据库的连接与管理。

8.2.1.1　MVC 模式

MVC（Model – View – Controller，模型—视图—控制器）模式是软件工程中的一种软件架构模式，体现了"分治"的思想。根据功能，MVC架构把应用划分成三层：模型、视图和控制器，它很好地实现了数据层与应用层的分离[169－173]，如图8.4所示。

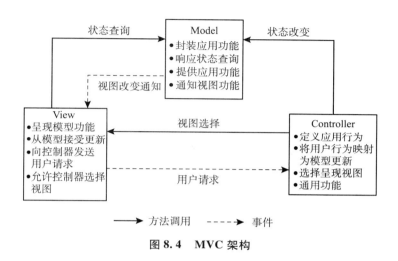

图8.4 MVC架构

模型（model）封装了应用问题的核心数据、逻辑关系和业务规则，提供了完成问题处理的操作过程。它是对象的内在属性，是整个模式的核心，它采用面向对象的方法，将问题领域中的对象抽象为应用程序对象。一方面，模型为控制器所调用；另一方面，模型还为视图获取显示数据而提供了访问其数据的操作。这样，模型一次编写就可为多个视图重用，从而减少了代码的重复性。

视图（View）是模型的外在表现，是用户看到的并与之交互的界面。一个模型可以对应一个或者多个视图。视图主管应用系统与外界的接口：一方面它为外界提供输入手段，并触发应用逻辑运行；另一方面，它又将逻辑运行的结果以某种形式显示给外界。在视图中其实没有真正的处理发生也不应该有处理发生。作为视图来讲，它只是作为一种输出数据并允许用户操作的方式。

控制器（Cotroller）是模型与视图的联系纽带，控制器提取通过视图传输进来的外部信息，并将其转化成相应事件，对模型进行更新；同时模型的更新与修改也将通过控制器来通知视图，从而保持视图与模型的一致性。具体地说，控制器本身不输出任何东西和做出任何处理。它只是接收请求并决定调用哪个模型构件去处理请求，并确定用哪个视图来显示模型处理之后返回的数据。

尽管构造 MVC 应用程序需要一些额外的工作，但它带来的好处是毋庸置疑的，体现在以下几个方面：

（1）MVC 架构适用于多用户的、可扩展的、可维护的、具有很高交互性的系统；

（2）MVC 可以很好地表达用户的交互和系统模式；

（3）很方便地用多个视图显示多套数据，使系统很方便地支持其他新的客户端类型；

（4）代码重复达到最低；

（5）由于分离了模式中的控制和数据表现，可以分清开发者的责任，另外也可以加快产品推向市场的时间。

8.2.1.2　J2EE 平台上 MVC 模式的实现

J2EE 技术结合 MVC 设计模式在构建企业级 Web 应用的实现中，JSP[174-180] 对应于视图，因为整个应用系统主要通过 JSP 来与外界进行交互；Servlet 包含了管理如何处理请求的逻辑，实际就成为控制器，作为 JSP 与 JavaBean 之间的中间枢纽；JavaBean 对应于模型，主要进行数据业务处理。

对应于前面所述的 MVC 设计模式原理，本书用 MVC 模式构建的 NMPLCQMS 原型系统的 J2EE 应用框架如图 8.5 所示，从该图可以看出，MVC 模式利用控制器来控制系统的流程、产生视图、调用业务组件执行业务逻辑进行交互；用户界面的表示逻辑可由 Web 层来处理；与控制相关的对象出现在每一层中，用来对跨层的进程行为进行协调；而业务逻辑和数据的对象都位于 JavaBean 层；底层则是支持网络通信的协同工具子系统。

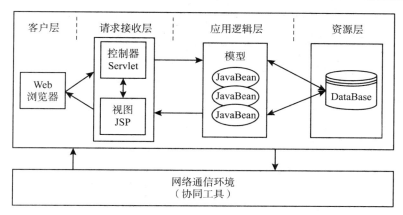

图 8.5 MVC 模式构筑的系统框架

由此，协同工艺设计与管理系统的表现逻辑和业务逻辑分离，从而使得逻辑结构更为清晰，简化软件开发、提高系统性能，具有较好的灵活性。如果数据的显示方式有所改变，只需要更改 JSP 视图页面，而不要求相应更改数据处理模块。因而系统可以很容易加入新业务，可以灵活适应各种需求的变化。

8.2.2 系统的体系结构

协同工艺设计与管理系统的体系结构是一个多层次、分布式的开放体系结构。由于 B/S 模式[181]具有开发、维护和使用方便、易于实现跨平台使用的优点，采取 B/S 体系结构。在本书开发的系统中，参照东北大学先进制造研究所网络化制造实验室提出的网络化集成制造平台的结构模型，分为用户层、应用层和支持层三个层次，如图 8.6 所示。

（1）用户层。

是为了满足网络化制造模式下协同工艺设计与管理的相关人员访问本系统而建立起来的通用用户接口。

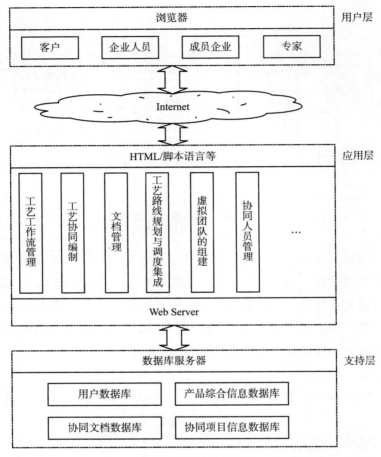

图 8.6　系统体系结构

（2）应用层。

系统应用层包括协同工艺设计和整个流程中的管理工具集和 Web 服务器，其中质量工具集封装在 Web 服务器中。协同工艺设计的管理工具包括：工艺工作流管理、工艺协同设计、文档管理、工艺路线规划与调度集成优化、虚拟团队的组建、协同人员管理等。这些工具覆盖了工艺设计的全阶段，在系统应用层的控制下为产品工艺设计提供了协同和流程管理的功能。

（3）支持层。

系统支持层是网络化制造模式下协同工艺设计与管理系统运行的基础。它包括数据库和数据库服务器，其中数据库包括：用户数据库、产品综合信息数据库、协同文档数据库、协同项目信息数据库。通过提供系统运行必需的网络连接、数据访问、数据存储等支持，使得跨平台的分布式操作成为可能。

其中应用层是网络化制造模式下协同工艺设计与管理系统的核心，是后续章节研究的重点。

8.3　系统主要功能的实现技术

协同工艺设计与管理系统的实现所涉及的技术主要包括三个方面：一方面是工艺协同设计的实现技术，已经在第 2 章中论述；第二方面是工艺设计过程管理的工作流实现技术，第三方面是对协同工艺设计的建模、算法的研究。本节将主要从后两方面研究协同工艺设计与管理系统的实现技术。

8.3.1　基于工作流的工艺过程管理实现技术

系统中工艺设计过程管理功能是用工作流技术实现的。工艺工作流管理主要涉及工作流模型定义、工作流模型实例化和工作流的执行与监控、工作流操作者管理四个方面，从而最终能实现工艺设计过程管理自动化。本节在分析三大主流工作流系统实现技术的基础上，确定并分析本系统的工作流实现方法。

8.3.1.1　工作流系统实现技术的确定

近年来，工作流技术在银行、商业、保险、工程等各种应用领域得到了越来越广泛的应用。目前已形成以 JBoss jBPM、Shark 和

Osworkflow 为代表的三大主流的工作流管理系统。

（1）JBoss jBPM。

jBPM（Java Business Process Management）是一种基于 J2EE 的轻量级工作流管理系统[182-184]。jBPM 是公开源代码项目，它的使用要遵循 Apache License。jBPM 在 2004 年 10 月 18 日发布了 2.0 版本，并在同一天加入了 JBoss，成为 JBoss 企业中间件平台的一个组成部分，它的名称也改成 JBoss jBPM。随着 jBPM 加入 JBoss 组织，jBPM 也将进入一个全新的发展时代。

jBPM 最大的特色就是它的商务逻辑定义没有采用目前的一些规范，如 XPDL、BPML、ebXML、BPEL4WS 等，而是采用了它自己定义的 JBoss jBPM Process definition language（jPdl）。jPdl 认为一个商务流程可以被看作一个 UML 状态图。jPdl 详细定义了这个状态图的每个部分，如起始、结束状态，状态之间的转换等。

jBPM 的另一个特色是它使用 Hibernate 来管理它的数据库。Hibernate 是目前 Java 领域最好的一种数据持久层解决方案。通过 Hibernate，jBPM 将数据的管理职能分离出去，自己专注于商务逻辑的处理。

（2）Shark。

Shark1.0 完全是根据 WFMC 规范实施的、可扩展功能的工作流引擎，它利用 XPDL 来定义流程，同时还包括服务器端的用于活动节点执行的 WFMC 工具代理 API[185-186]。这个工具代理 API 可以服务于 JavaScript、JDBC access、EJB access、pure Java classes、Corba calls、EMail、Webservice 调用。流程的存储和活动的实例化都是通过一个可定义的持久层 API 来完成。Shark1.0 使用自带的一个轻量级 Enhydra DODS O/R mapping 作为自己的标准持久层，但是它同时也支持重量级的 J2EE EJB 持久层。

（3）Osworkflow。

Osworkflow 被认为是一种"低级别"工作流实现，它的最大特点就是灵活[187-188]。与其他工作流系统能用图标表现"loops（回路)"和"conditions(条件)"相比,Osworkflow 只是手工"编码(coded)"来实现的,是基于脚本语言来实现的。

Osworkflow 只有一个 workflow engine 的内核体,因此非常容易扩展。Osworkflow 的持久层比较灵活,可以是 Serializable Store、JD-BC Store 和 EJB Store,另外还可以自己实现。

Osworkflow 基于有限状态机概念。每个 state 由 step ID 和 status 联合表现(可简单理解为 step 及其 status 表示有限状态机的 state)。一个 state 到另一 state 的 transition 依赖于 action 的发生,在工作流生命期内有至少一个或多个活动的 state。这些简单概念展现了 Osworkflow 引擎的核心思想,并允许一个简单 XML 文件解释工作流业务流程。

基于上述分析,相对于 Shark 来说,jBPM 更加灵活,而且以当前流行的 Hibernate 作为它的持久层,另外还有全面的文档。相对于 Osworkflow 来说,jBPM 更加简单,可以作为嵌入工作流,给了开发者更大的灵活性。随着 jBPM 加入 JBoss 组织,jBPM 进入一个全新的发展阶段,它的光明前景是十分明显的。而且 jBPM 发展迅速,目前已经到达 3.2 版本。因此,本系统用 JBoss jBPM 来实现工艺工作流管理。

8.3.1.2　基于 JBoss jBPM 的工艺工作流系统实现技术

本节的研究内容就是将 J2EE 分布式技术[189-190]和主流的 JBoss jBPM 工作流技术相结合并将它用到具体的系统实现中,以满足企业动态的、大规模的、分布式的业务处理需求,同时增加系统的可重用性、可扩展性和可维护性,从而达到研究"来源于项目,服务于项目"的目标。

jBPM 提供了可视化流程定义工具,它可以让用户方便地进行流程定义,根据流程图例,自动生成节点和转移标签,给出了设定参数的可视化操作界面。在流程定义时,除了指定流程的走向、添加流程相关的参数外,对于一些特殊的流程控制逻辑还需要编写特定的处理类。这样的操作体现了 jBPM 流程定义灵活性,但是灵活的同时在一定程度上也增加了流程定义的复杂度。

（1）流程定义。

产品协同工艺设计的工作流程图如图 8.7 所示，本系统将其作为范例流程进行系统的功能开发，并完成系统功能的演示。

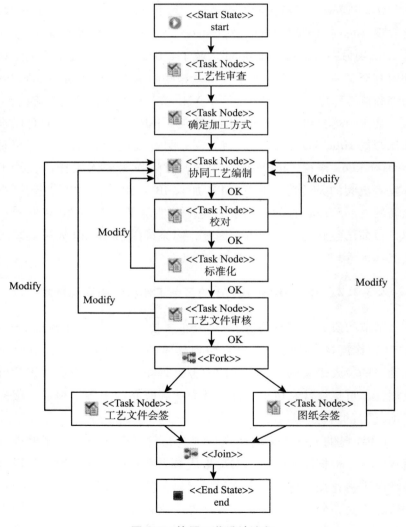

图 8.7　协同工艺设计流程

在定义流程时，jBPM 提供的基于 Eclipse 插件的可视化流程定义工具将会生成三个文件：processimage. jpg（流程图），gpd. xml（流程图各元素位置定义文件）和 processdefinition. xml（流程定义文件），也可以把这三个文件打包到一个 par 压缩文件中。流程定义文件 processdefinition. xml 主要记录了流程的具体信息，包括各个节点、转移、执行人等。

（2）流程解析和部署。

在执行程序之前，需要一个流程定义对象。而得到流程定义对象的最简单的方式是解析 xml。把 xml 解析成一个流程定义对象有三种基本方式：

①解析 par 文件：par 文件是一个包含 processdefinition. xml 文件的压缩文件，jBPM 通过自己解压该文件读取流程定义文件，从而进行流程定义解析。

②解析 xml 文件：jBPM 也可以直接读取流程定义文件 processdefinition. xml，进行流程定义文件。此时，可以使用 JpdlXmlReader。

③解析 xml 字符串：在单元测试中从一个纯字符串来解析 xml。

本系统采用解析 xml 文件的方式进行流程解析，并通过 deployProcessDefinition 方法把流程定义部署到数据库中。其代码如下：

……

```
ProcessDefinition processDefinition =
ProcessDefinition. parseXmlResource("design/processdefinition. xml");
jbpmContext. deployProcessDefinition( processDefinition);
```

……

（3）会签功能的实现。

jBPM 用 decision、fork、join 提供了对工作流模式 or-split、and-split、and-join 的支持，但是对于一些复杂的模式，比如在设计审批流程中用到的会签功能，就需要通过提供一些技术细节上的处理来实现。系统通过在 node-enter 事件中定义 Actions 的方法，来处理会签过程。在 node-enter 事件中，CreateTasks 动态为审批人员创建任务。下面给出流程定义中工艺会签节点的代码片断：

```
……
< task-node name = "工艺会签" signal = "last-wait" ①create-tasks = "
    false" ② >
        < task name = "工艺会签" swimlane = "工艺设计员" >
            < controller >
                < variable name = "工艺文件" access = "read" >
                    </variable >
            </controller >
        </task >
        < event type = "node-enter" > ③
        < action name = "createInstance" class = "com. jbpm. design.
            action. CreateTasks" >
                < taskName > 工艺会签 </taskName >
            </action >
        </event >
        < transition name = " to = "signjoin" > </transition >
    </task-node >
……
```

①signal = "last-wait"，决定了该 Task 节点将在完成该节点内所有 Task 的 TaskInstance 以后才会进入下一个节点。②create-tasks = "false"，决定了在进入该 Task 节点的时候，不会自动为该节点的任何 Task 创建任何的 TaskInstance。因为在这里需要根据会签的人员来动态去创建 TaskInstance。③< event type = "node-enter" >进入流程节点的时候，执行 ActionHandler 类 com. jbpm. design. action. CreateTasks，用来动态生成 TaskInstance。

在示例流程中，把工艺会签、图纸会签都分配给李浩然和王杰这两个人（在实际操作中可以根据具体情况设定会签人员与人数）。这样，在流程经过 fork 节点之后，他们的任务列表会同时新增这两个任务。CreateTasks 的部分实现如下：

......

```
String taskName;
public void execute(ExecutionContext executionContext)throws Exception {
    Token token = executionContext. getToken( );
    TaskMgmtInstance tmi = executionContext. getTaskMgmtInstance( );
    TaskNode taskNode = (TaskNode)executionContext. getNode( );
    Task task = taskNode. getTask(taskName);
    tmi. createTaskInstance(task,token). setActorId("李浩然");
    tmi. createTaskInstance(task,token). setActorId("王杰");
}
```

......

（4）使用自定义授权方式。

在 jBPM 中是通过 Actor 和 PooledActor 来对任务进行授权的，也定义了 Swimlane 的授权方式，但是授权的具体逻辑仍旧要由用户来实现。在 jBPM 中并没有将 Task 的授权强行与 Actor 和 PooledActor 进行关联，就是为了用户可以使用自己的用户组织模型。下面给出流程定义中部分 swimlane 的定义，以及在任务中指定 swimlane 的方式。

......

```
< swimlane name = "项目组长" >
    < assignment expression = "user(刘新)"/>①
</swimlane >
```

......

```
< swimlane name = "工艺员" >
    < assignment class = "com. jbpm. design. action.
        ActorAssignHandler"/>②
</swimlane >
```

......

```
< task-node name = "工艺审核" >
    < task name = "工艺审核" swimlane = "工艺审核员" >
……
</task-node >
<task-node name = "工艺会签" signal = "last-wait" create-tasks = "false" >
    < task name = "工艺会签" swimlane = "工艺会签员" >
    ……
</task-node >
    ……
```

① < assignment expression = "user(刘新)"/ > 定义的指派方式是采用 assignment 表达式方式；② < assignment class = "com. jbpm. design. action. ActorAssignHandler"/ > 则是通过委托类 com. jbpm. design. action. ActorAssignHandler 的指定来为任务分配执行者。

在系统开发的时候，jBPM 技术提供了可视化流程定义工具，它可以让用户方便地进行流程定义，根据流程图例，自动生成节点和转移标签，给出了设定参数的可视化操作界面。便于操作，为协同项目管理提供了可视化进度控制表，更加便于项目流程的控制。

8.3.2　Matlab 网络化决策功能的实现技术

Matlab 是国际数学界应用和影响最广泛的三大计算机数学语言之一，现已成为国际上公认的最优秀的数值计算和仿真分析软件之一，其主要特点如下：

（1）它是一种解释性语言，它采用了工程技术的计算语言，几乎与数学表达式相同，语言中的基本元素是矩阵，它提供了各种矩阵的运算和操作，并且具有符号计算、数学和文字统一处理、离线和在线计算等功能；

（2）具有较强的绘图功能，计算结果和编程可视化；

（3）具有很强的开发性，针对不同的应用学科，在 Matlab 之上，推出了 30 多个应用工具箱。

　　Matlab 的这些特点使它获得了对应用学科的极强的适应力，它推出不久，很快就成为应用学科计算机辅助分析，设计、仿真和教学不可缺少的软件，并已应用在生物医学工程、信号分析、语音处理、图像识别、航天航海工程、统计分析、计算机技术、控制和数学等领域中，但目前 Matlab 仅仅能提供单机服务，并且对于像神经网络和遗传算法等优化方法需要复杂的编程运算，对于初学者很难熟练完成，因此本书利用 Java 对 Matlab 进行编程处理，通过利用 Matlab 提供的网络接口实现了其网络化功能，其具体原理与实现过程如图 8.8 所示。

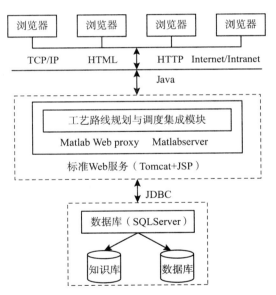

图 8.8　Internet 环境下 Matlab 网络功能示意图

　　由图 8.8 可以看出，客户端的浏览器首先向服务器发出一个 HTTP 请求，服务器返回一个内嵌 Java Applet 的 HTML 文本。Web 浏览器解释执行 HTML 文件，同时下载其中指明的 Applet 程序并执行。Applet 获得从 Web 服务器返回的数据文件成功上传的确认信息后，再将所上传的数据文件在服务器端的文件名、路径信息和期望采用的算法程序名称发送给 Matlab Web Server 的 CGI 接口。该 CGI 接口由 Web 服务器管理的一个线程进行控制。Matlab Web Server 的 CGI 接口根据以上的信息调用相应的算法程序进行计算并返回实时信息和计算结果文件的路径。客户端的 Applet 程序接收到结果文件在服务器端的详细路径信息后，发出相应的 HTTP 请求，将结果文件取回至本地计算机，并将结果在用户界面上显示出来。

8.4　系统数据库设计

系统数据库的设计[191-192]是系统开发的重要组成部分，也是企业间进行信息数据交换的后台支持。机械产品的网络化协同工艺设计与管理系统数据处理不仅量大，而且彼此之间的关系错综复杂，因而需要建立一个完善、扩展性良好并符合工艺设计习惯的数据服务体系，系统采用了 SQL Server 2000 数据库来构建本系统的数据库。数据库的设计包括系统与数据库的连接与数据操作，数据表的构建和表之间的关系即 E – R 图的建立。

8.4.1　系统数据表及实体 E – R 图

系统设计的数据表是在 SQL Server 2000 数据库系统环境中创建，SQL Server 数据库管理系统提供了完整全面的数据表创建管理功能。数据库设计的主要任务是设计出能够反映实际信息关系、数据冗余少、存储效率高、易于实施与维护，并能满足各种应用要求的数据模型。

面向网络化制造的协同工艺设计与管理系统数据库划分为四个子库，即用户数据库、产品综合信息数据库、协同文档数据库、协同项目信息数据库，它提供了支持上述数据管理特性的数据服务功能，该数据库的存储结构框架如图8.9所示。

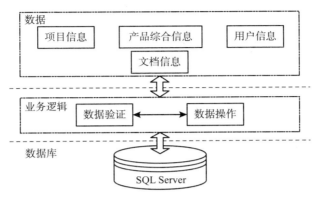

图8.9　系统数据库结构框架

　　在上述的数据库中，通过 SQL Server 2000 提供的数据表创建向导来创建数据表。这里以协同项目管理子库为例，列举该库中的数据表，如表8.1所示。

表8.1　　　　　　　　　协同项目管理子库数据表清单

数据表名称	数据表用途
项目信息表	记录项目资料信息等
任务信息表	详细对应项目的各项任务的信息等
任务完成单	设计完成管理
设计计划安排	按需求计划安排，保存历史计划
人员信息表	各项任务人员组成及其信息
合作伙伴历史记录	存储以往合作伙伴历史数据
外协企业	存储外协企业信息
客户清单	保存企业客户资料信息
实时协同工艺设计数据表	产品工艺设计数据主表
产品协同工艺设计实时明细表	详细对应产品实时协同设计数据
工艺文档	记录工艺设计的结果
设计文档	企业产品工艺设计图档，文档信息
零部件	存储标准件和非标准件
决策评估对比	比较结果数据存储

　　对数据库中各数据表之间关系的表达采用 E－R 图。E－R 图
（Entity－Relationship Diagram）是"实体—联系图"，用来描述所有
实体、实体属性及实体间联系的关系图，用关系图来抽象地、接近
地反映现实世界中事物之间的复杂关系。以协同工艺项目管理子库
为例，对上表中的数据建立 E－R 图，如图 8.10 所示。

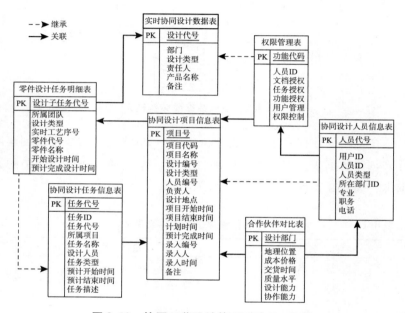

图 8.10　协同工艺设计管理系统 E－R 图

8.4.2　数据表的连接

　　在系统的构建中，数据库生成后要与网页建立动态链接，采用
了 JDBC DRIVER 的数据库连接方式，通过加载该驱动程序直接将
JDBC 与 SQL 数据库进行连接，为此大大简化了数据库系统的管理
与数据库接口的应用，如图 8.11 所示。

图 8.11 JDBC 桥接驱动程序与数据库间的关系

为方便起见，本书将数据库接口语句写在了一个 Bean 文件里面，凡是涉及的数据库操作，只要调用这个 Bean 即可。其数据库接口语句的部分源代码如下所示。

```
import java. sql. Connection;
import java. sql. DriverManager;
import java. sql. ResultSet;
import java. sql. SQLException;
import java. sql. Statement;
public class DataConnection{
    public static Connection CONNECT = null;
    public static String HOSTIP = " localhost";
    public static String DBNAME = " projectmanagement";
    public static String DBUSERID = " sa";
    public static String DBUSERPWD = " sa";
    public static String DBDriver = " com. microsoft. jdbc. sqlserver.
        SQLServerDriver";
    public static String DBURL = " jdbc:microsoft:sqlserver://
        localhost:1433; DatabaseName = projectmanagement";
    public DataHandler( ){ }
    public static boolean OpenConnection( ){
        boolean result = false;
        Connection conn = null;
        String
DBURLStr = " jdbc:microsoft:sqlserver://" + HOSTIP + ":1433;
```

```
DatabaseName = " + DBNAME;
    try{
        Class. forName( DBDriver). newInstance( );
        conn = DriverManager. getConnection( DBURLStr, DBUSERID,
            DBUSERPWD);
        CONNECT = conn;
        result = true;
    }
    catch( SQLException ex){ System. out. println( "SQLException:" +
        ex. getMessage( ));
    }
    return result;
    }
        ⋮
}
```

8.5 协同工艺设计与管理原型系统应用

系统开发采用 Jbuilder 9 编程平台，将开发的系统程序代码经过调试，部署在 Tomcat 5. 0 服务器上，用户可以在浏览器端通过 IE 浏览器访问 Web 站点；数据库采用 SQL Server 2000，并通过 JDBC 方式建立系统与数据库的连接。本书的系统是结合沈鼓集团的核心产品—离心压缩机进行的开发和实际应用，系统主要包括 7 个子系统：工艺工作流管理子系统、工艺协同设计子系统、工艺路线规划与调度集成子系统、协同工艺设计项目管理子系统、装配序列规划子系统、系统管理子系统，系统功能模块如图 8. 12 所示。

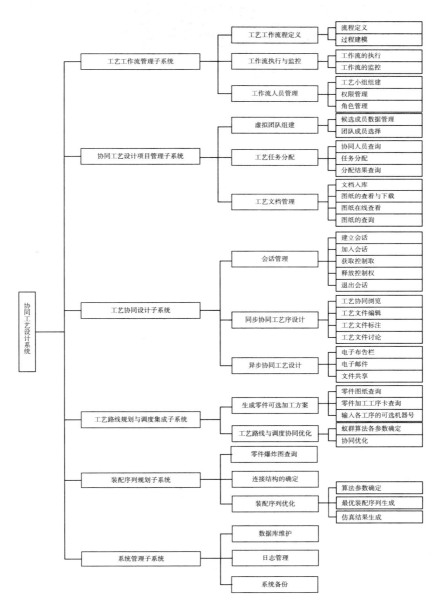

图 8.12 系统功能模块

8.5.1　协同工艺设计与管理系统的主要功能

协同工艺设计与管理系统是针对本书主要研究内容并结合企业实际产品进行的开发，本节主要对系统的各功能进行介绍。

8.5.1.1　工艺工作流管理子系统

工艺工作流管理系统使得工艺工作的相关流程全部或部分实现自动化。在此过程中，工艺工作的相关文档、信息和任务按照事先定义好的流程进行流转，实现参与工艺工作的所有协同成员间的协调工作，以提高工艺工作的效率。工艺工作流管理子系统包括工艺工作流程定义、协同小组管理、工艺任务分配、工作流执行与监控四个模块。

（1）工艺工作流程定义。

- 流程定义

要实现工艺工作流管理，首先要确定工艺工作的流程，在本书3.2 节有详细的介绍，流程节点包括工艺性审查→确定加工方式→协同工艺设计→校对→标准化→审核→会签。

- 过程建模

在 jBPM 提供的可视化流程定义工具中定义好工艺工作流程之后，将其部署到系统中，实现流程的过程建模。

（2）小组人员管理。

在工艺工作流程定义后，需要创组工艺设计小组完成此项目，并给每个小组成员分配相应的任务。

- 工艺设计小组创建

组建一个工艺设计小组，一般由项目组长完成，负责这个项目的完成。

- 权限管理

在小组创建完成的基础上，需要给小组各成员分配相应的权限，以确定在上述定义的流程节点中的参与人员。在工艺工作流系统中，权限包括任务分配、工艺性审查、确定加工方式、协同工艺设计、校对、标准化、审核、会签等权限。

（3）工作流的执行与监控。

• 工作流的执行

在工艺权限分配完成后，就进入了工艺工作流的执行阶段。用户打开自己的用户界面，根据查询到的任务状态，可以知道系统正在处于的状态，同时完成相应的工艺任务。

• 工作流的监控

在工作流的执行过程中，可以显示出系统的运行状态，以便能及时地掌握任务的完成情况。

8.5.1.2　协同工艺设计项目管理子系统

协同管理功能主要是对合作伙伴的管理和对整个项目中的文档进行管理。

（1）虚拟团队组建。

在虚拟团队的组建中，主要实现对团队成员的数据管理，成员的选择以及对合作伙伴进度的监控。

• 团队成员的数据管理

这个模块实现对团队成员基本资料、历史数据等的管理。这里团队成员进行协同工艺设计找领域专家或技术人员；企业可以通过找熟悉相关领域的专家对这些团队成员进行评分确定各指标权重并将专家资料保存，以便下次评价时继续邀请专家；历史数据结果的查询可以为团队成员的选择提供一定的参考，每一次评价完毕需要将评价结果保存到历史数据中。

• 团队成员选择

虚拟团队成员的选择模块包括专家对不同待选成员在不同指标下的数值输入、查询、修改，并且通过改进蚁群算法的候选成员评价方法进行系统求解，并将评价结果输出供企业参考。

（2）文档管理。

主要完成协同工艺设计过程中产生的文档及图档的管理功能，实现文件的编辑、存储、修改、查询、维护以及文件执行中的信息反馈记录，包括文档图档的版本创建、电子会签、电子审图等。

● 图纸的查看与下载

为了有效地实现系统的文档管理能力，系统提供在线浏览零件的图纸功能，也可以下载数据库中存放的电子图纸，以便在工艺设计过程中查看。

对不同格式的图档文件，用户无须在客户端安装大量的相关软件，只需安装 Autovue 插件即可在本系统读取不同的软件来查看和下载。普通用户可以对其进行在线查看或下载，对于较高权限的用户不仅可以查看文档还可以查看审核结果，同时可以对文档进行修改、上传及删除操作。

● 图档文档入库

所有的产品图档都在此模块入库，它是把已有图纸文件通过自动提取和手工输入相结合的方式送入图档库中，形成图档管理控制信息的过程。图档入库时，需填写图档的相关信息，如产品的代号、图档的名称及代号、图幅等信息。

● 图纸在线查看

图档提交后，团联相关人员可以根据自己获得的权限，在文档管理导航中进入个人文档列表，并在线查看部分图纸。

● 数据查询

一个产品是由若干个部件、零件等组成，而每一个部件又由若干个小的部件、组件及零件组成。在获取相应权限后可以使用关键字如产品编号、产品名称查询到某种产品的零部件及图纸的浏览、状态等。

8.5.1.3　工艺协同设计子系统

在工艺工作流的执行过程中，如果需要进行协同的工艺设计，可以组建协同小组，以便使不同地理位置、不同领域的技术人员借助于协同软件共同完成产品的工艺设计任务，它是 CSCW 在工艺设计领域的应用，极大地提高了工艺设计质量，特别是复杂产品的工艺设计质量。

（1）会话管理。

- 建立会话：创建一个会话，组建协同小组，一般由项目组长完成；
- 加入会话：各用户可申请加入协同小组；
- 获取控制权：各协同小组成员可以申请获得控制权，以进行工艺文档的修改；
- 释放控制权：获取控制权的用户，如果修改完工艺文档，可以释放控制权，以便其他成员获取；
- 退出会话：在所有成员对当前工艺任务达到一致意见后，由会话发起者负责结束会话，但是其他协同小组成员可以随时退出会话。

（2）同步协同设计。

在同步协同工艺设计模块中，不同的工艺人员可以对同一份工艺文件进行浏览，也能够在发现工艺设计过程中出现的问题时，对此份工艺文件及时修改。在初始状态，主管工艺员具有发言控制权，其他用户需要申请控制权。获得控制权的协同用户可以对工艺文件进行编辑，如增加工序、删除工序等，这些修改能够及时地传递给其他协同用户，从而实现工艺文件的同步更新。

（3）异步协同设计。

除了上述同步协同功能之外，系统还提供了电子布告栏、电子邮件和讨论区以便协同用户间的交流。

8.5.1.4　工艺路线规划与调度集成子系统

在确定了各零件的工艺规程后，需要规划产品的工艺路线。而工艺路线的生成与生产息息相关，因此在生成工艺路线的同时，也要考虑到后续的生产调度情况，否则容易引起资源"瓶颈"等问题而造成工艺不可行。工艺路线规划与调度集成功能使得工艺路线规划与调度并行生成，体现了协同的思想。

工艺路线规划与调度功能应用 Matlab 的网络功能，首先确定零件可选加工方案，再通过蚁群算法实现。

（1）生成零件可选加工方案。

在工艺协同设计阶段，通过零件和图纸编号可查询该零件的图纸；通常生成多个加工方案，利用关键字对各零件的机械加工工序过程卡进行查底，可得到零件的可选加工方案；输入零件各工序的所有可选机器号，以便生成系统的调度方案。

（2）工艺路线与调度协同优化。

根据上述零件的可选加工方案，通过改进蚁群算法来最终确定每个零件的工艺路线和所有零件在车间的调度路线。在执行算法前，需要先确定蚁群算法的各个参数，如蚂蚁数量、信息素强度等。

8.5.1.5　装配序列规划子系统

装配序列规划子系统应用改进蚁群算法求解面向连接结构的最优装配序列，利用 Matlab 的网络功能求解，并将结果在用户界面上显示出来。该子系统主要包括零件爆炸图查询、连接结构的确定和装配序列优化功能。在查询零件爆炸图的基础上，确定各连接结构及其特征，装配序列优化又包括算法参数的确定和装配序列的生成，最终将优化曲线显示出来。

8.5.1.6　系统管理子系统

系统管理功能主要针对 PCDMS 中的数据的维护。系统的日志管理对系统的工作事务进行记录，并包括诸如对用户进入、退出时间、姓名、访问内容等进行记录。系统可以从其他功能模块提取运行参数。数据维护管理主要针对协同设计过程中的设计数据提供相关技术支持。具体包括数据库服务和数据通讯服务，保证设计过程的信息流、数据流的传输、交换和共享。

8.5.2 协同工艺设计与管理系统的应用实例

协同工艺设计与管理系统的应用主要以沈阳鼓风机(集团)有限公司的主导产品——离心压缩机为背景,在网络化制造环境下,为企业适应现代化生产需要,对该离心压缩机实施协同工艺设计与管理。同时测试该原型系统工程化运行效果,进而验证该原型系统工程化应用的可行性。

8.5.2.1 系统管理子系统

(1) 系统进入。

在应用系统时,用户在 IE 地址栏中键入 URL 地址:http://xx.xx.xx.xx:8080/mydss/index.jsp 后,会进入系统的登录界面,如图8.13 所示。

图 8.13 系统主界面

（2）系统用户登录或注册：当用户需要登录相应管理子系统时，需要通过系统主页中的用户登录进入登录页面，输入相应的用户名和密码，系统会识别用户身份，如图8.14所示。

图8.14　用户登录界面

若没有注册用户，不是本系统的会员，则首先通过主页进行用户注册环节，填写相应材料，如图8.15所示。

图8.15　新用户注册界面

在提交注册信息的时候，系统会逐个检查每项是否符合要求，若符合，则注册成功，若不符合，则给出提示，如图 8.16 ~ 图 8.17 所示。

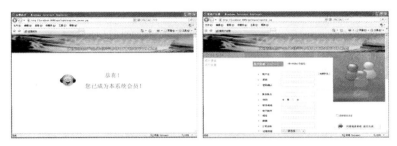

图 8.16　注册成功界面图

图 8.17　注册失败界面

8.5.2.2　工艺工作流管理模块

工艺工作流管理模块主要包括工艺工作流程定义、小组人员管理、工艺任务分配、工作流的执行与监控等功能，在工艺设计过程中各环节自动流转，实现了工艺工作的流程化与自动化。

（1）工艺工作流定义。

在运行工艺工作流管理之间，企业要根据需求定制工艺流程，应用流程化定制工具 JBOSS jBPM 提供的 ECLIPSE 插件来定制，如图 8.18 所示。

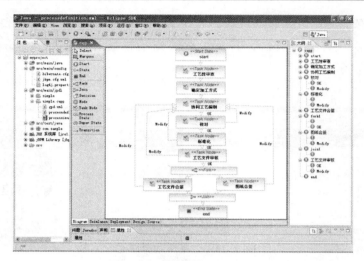

图 8.18　企业流程定制界面

（2）小组人员管理。

定制企业工艺工作流程后，需选择工艺人员来组建工艺设计小组完成工艺设计任务，如图 8.19 所示。

图 8.19　工艺设计小组创建界面

在成立了工艺设计小组之后，工作组组长为每个小组成员分配相应的任务，确定每个流程节点的参与人员，从而完成工艺任务的分配，以运行工艺工作流系统。任务分配的界面如图 8.20 所示。

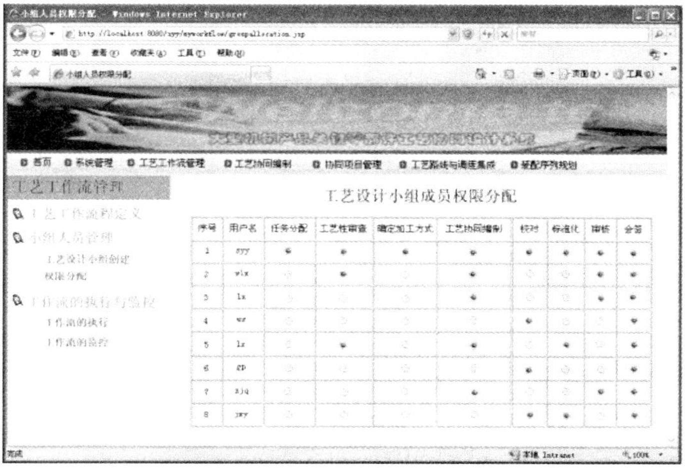

图 8.20　工艺设计小组任务分配界面

（3）工作流的执行与监控。

将上述定义的工艺工作流程为工作流引擎调用，并进行实例化，可以实现工作流过程的自动流转，如图 8.21 所示。

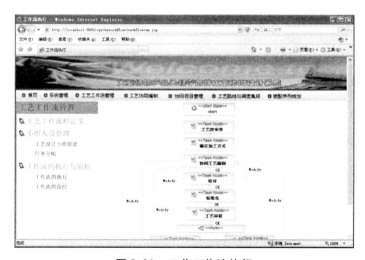

图 8.21　工艺工作流执行

在工作流的执行过程中，可以监控工作流的运行状态，及时了解任务的执行情况，任务的监控界面如图 8.22 所示，图中用红笔标出的节点就表示工作流已经执行到该节点。

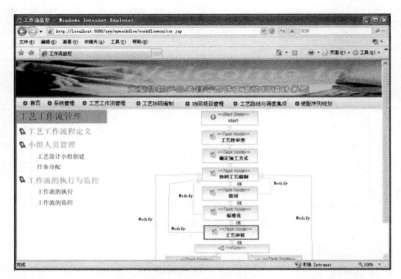

图 8.22　工艺工作流监控

8.5.2.3　工艺协同设计模块

工艺协同设计实现了使来自不同领域和不同地方的技术人员借助于该模块共同进行产品的工艺设计和工艺文档的修改，具体协同的过程如下：

（1）建立会话。

需要进行协同的工艺设计时，小组负责人首先连接会话服务器，如图 8.23 所示，然后建立一个新会话，如图 8.24 所示，并认定该人为会话的管理员。

图 8. 23　会话服务器连接

图 8. 24　建立一个新会话

（2）加入会话。

协同工艺设计人员通过向会话服务器请求，经会话管理员同意后即可加入一个会话，如图 8.25 所示。

图 8.25　加入会话界面

（3）工艺协同设计。

在加入会话后，工艺协同设计人员便可以装载指定的工艺文件，并对工艺文件进行浏览。由于工艺协同设计是多个工艺人员在异地对同一工艺文件进行设计，因此要实现工艺文件的同步更新，本书认定会话管理员在设计初始时具有发言控制权，其他协同用户需要申请才能获得。图 8.26 为工艺协同设计界面。

通过发言控制权的申请，已获得发言权的协同工艺设计人员在加工工序过程卡上对指定零件的工艺文件进行编辑工序、增加工序及删除工序等修改操作，如图 8.27 所示。

在该用户进行多处的修改后，点击"确定"，这些操作更新将以消息的形式发送给其他协同用户，其他协同用户就能够直接看到修改后的工艺方案，从而实现工艺文件的同步更新，如图 8.28～图 8.29 所示。

图 8.26　工艺协同设计界面

图 8.27　获取控制权的用户修改工艺方案

图 8.28　获取控制权的用户完成工艺方案的修改

图 8.29　其他协同用户端实时显示更新

8.5.2.4 工艺路线规划与调度模块

在协同工艺设计过程中，通常会产生多条可选工艺路线，特别是复杂的零件，因此需要决策出最优的工艺路线。而工艺路线的决策真接与生产情况密切相关，在决策工艺路线时，同时要考虑到车间的状态，最终在得出最优工艺路线的同时，也生成车间调度方案，达到工艺路线规划与调度的协同规划、整体寻优。在协同路线规划与调度模块中，包括生成零件可选加工方案和应用蚁群算法实现的工艺路线规划与调度集成功能。

（1）生成零件可选加工方案。

在工艺协同设计过程中，对于每个零件都设计了机械加工工序过程卡，利用关键字可以实现相应卡片的查询，如图 8.30 所示。

图 8.30 零件工序卡查询

（2）工艺路线与调度协同优化。

在零件多工艺方案的基础上，应用蚁群算法和 Matlab 的网络化决策功能实现工艺路线规划与调度集成。首先需要确定各个工序的可选机器情况，如图 8.31 所示。

图 8.31　确定各工序的加工机器

　　系统通过 Matlab 的网络功能和 Java 的接口，调用相应的算法程序进行计算并将结果在用户界面上显示出来，相应的界面如图 8.32 所示。

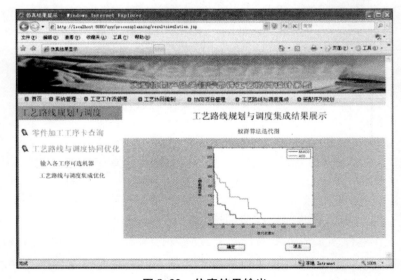

图 8.32　仿真结果输出

8.5.2.5　装配序列规划模块

装配序列规划模块主要包括零件爆炸图查询、连接结构的确定及装配序列优化等功能，以连接结构作为基本装配单元，屏蔽零件具体的特征，同时降低装配序列规划问题的复杂度，提高装配序列的求解效率。

（1）零件爆炸图查询。

在装配序列规划的过程中，可以利用关键字对零件的爆炸图进行查询，如图 8.33 所示，然后将查询结果显示出来，如图 8.34 所示。

（2）连接结构的确定。

在求解面向连接结构的装配序列时，需要首先确定连接结构的类型及属性，如图 8.35 所示。

图 8.33　零件爆炸图查询

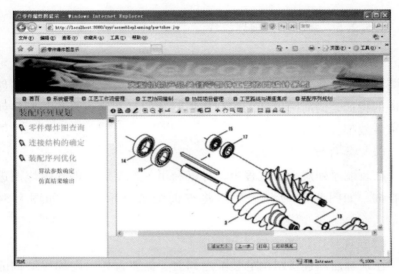

图 8.34　零件爆炸图查询结果

图 8.35　连接结构的确定

（3）装配序列优化。

在应用改进蚁群算法求解装配序列时，需先确定算法中各参数的值，如图 8.36 所示，然后在确定上述连接结构及蚁群算法参数的基础上，应用蚁群算法和改进蚁群算法求解最优装配序列，并将优化结果显示出来，如图 8.37 所示。

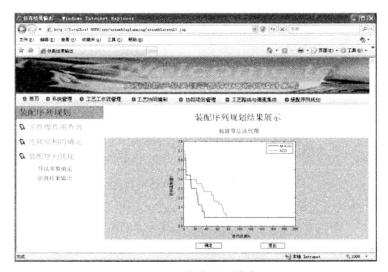

图 8.36 算法参数的确定

图 8.37 仿真结果输出

8.5.3　协同工艺设计与管理系统的应用效果

本书提出的协同工艺设计与管理系统包括工艺工作流管理子系统、工艺协同设计子系统、工艺路线规划与调度集成子系统、协同工艺设计项目管理子系统、装配序列规划子系统以及系统管理子系统等六个子系统，涵盖了协同工艺设计与管理涉及的主要功能模块。系统的开发以沈阳鼓风集团有限责任公司为背景，通过对企业产品相关数据资料的收集，以及企业工艺设计过程中涉及的流程管理、工艺路线规划、生产调度、装配序列规划等内容的实际调研情况进行的系统设计和应用。

通过与企业现有信息系统的集成，本书设计和开发的协同工艺设计与管理系统适用于该公司目前工艺设计的需要。系统在产品离心压缩机工艺协同设计、工艺工作流管理等应用中表现良好，能够解决传统制造中工艺设计过程中效率低下的问题，提高企业间信息共享的程度；同时，系统实际应用效果较好，得到了企业的认可。

结论与展望

工艺设计是制造系统中的一个关键环节，是连接 CAD 和 CAM 及其后继生产调度的桥梁，是企业信息化进程能否实现的中心环节。在网络化制造模式下，将计算机支持的协同工作和工艺设计融合，产生了协同工艺设计，使 CSCW 技术在工艺设计领域得到充分地应用，极大地缩短了工艺设计时间、降低了工艺设计成本、提高了工艺设计质量。

本书以虚拟团队组建与协同任务分配为前提，建立基于工作流技术的工艺设计过程管理。在工艺工作流的管理之下，研究了在工艺设计过程中的工艺协同设计的实现技术，探讨了工艺路线规划与调度集成的方法，最后研究了装配工艺规划，力求建立以企业工作流程为导引，网络化制造模式下协同工艺设计与管理较完整的研究体系。以沈阳鼓风（集团）有限责任公司为背景企业，将协同工艺设计的理论研究与实际应用相结合，构建了协同工艺设计与管理支持平台。

纵观全书，可以得出如下结论。

（1）在分析协同工艺设计流程的基础上，为了全面地描述工艺工作流管理系统，应用随机 Petri 网对整个工艺流程建模，用 UML 图来抽象系统的具体功能，最后详细描述了系统的主要功能。

（2）针对复杂零件工艺设计的需求，研究了工艺协同设计的实现技术和方法，即数据交换方法、数据通信方法、会话管理方法和控制方法，并给出具体示例，实现了工艺设计过程中的同步协同。

（3）针对协同工艺设计中虚拟团队组建和任务分配，采用改进蚁群算法对虚拟团队组建问题进行分析和求解，实例表明，该方法有效地解决了合作伙伴选择问题，并且改进蚁群算法有效地提高了求解质量和效率；利用 BP 神经网络良好的泛化能力，存储和逼近增强学习中状态—动作对的 Q 值，设计了基于 Q 学习的最优行为选择策略和 Q 学习的 BP 神经网络模型与算法。并将其应用于面向团队成员的任务分配问题，通过实例分析，结果表明该方法提高了强化学习理论在任务分配问题中的应用价值。

（4）对工艺路线规划与调度集成问题的研究，应用网络图表示零件多工艺路线与资源，描述了零件各工序间的约束关系以及可选的制造资源情况。建立了工艺路线规划与调度集成模型，研究了基于改进蚁群算法的求解方法，确定了工艺路线与生产调度的整体寻优、协同决策。仿真实例表明该方法得到了零件工艺路线及调度方案，很好地解决了工艺路线规划与调度集成问题。

（5）在求解装配工艺规划问题上，提出了连接结构的概念，建立了基于连接结构的装配序列规划模型，把功能件、连接件封装在连接结构之内，简化了产品装配约束关系的表达。在对装配模型和装配序列规划问题进行数学描述的基础上，应用改进蚁群算法求解，确定了最优装配序列。仿真实例表明，用改进蚁群算法求解本书提出的模型，得到了最优装配序列，验证了基于连接结构的装配模型和求解方法的合理性。

（6）以沈阳鼓风机（集团）有限公司的主导产品离心压缩机为依托，将前期研究的基础理论和算法与背景企业相结合，开发了B/S 模式下的协同工艺设计与管理原型系统，并给出了系统运行示例，验证了本书理论研究的正确性与技术的可行性。

网络化制造模式下协同工艺设计与管理系统的研究是一门多学科交叉的系统性研究课题，其理论是在协同论、系统论、信息论、分形论等理论基础上发展起来的，并且涉及制造技术、计算机技术、自动控制、网络技术、软件技术以及人工智能和管理科学等。

由于作者能力有限，本书涉及了一部分关键技术环节，很多方面有待深入研究与探讨。具体归纳如下。

（1）工艺设计系统的功能已经突破了传统意义上的仅仅完成工艺设计活动的局限，对于引入分布协同技术、网络化资源管理等技术还需做进一步研究。

（2）进一步研究协同工艺设计与管理系统与其他系统的集成，针对具体的协同工艺设计对象类别，优化选择不同的 CSCW 工具及其他系统，进一步加速产品的协同开发。如 ERP 系统、MES 系统与协同设计管理系统的无缝连接。

（3）对网络化制造模式下的调度优化问题，在今后的研究中，还应进一步考虑动态、随机的因素，并采用有效的手段加以解决，使得企业间协同调度得以优化，提高生产管理的运作效率和收益水平。

参 考 文 献

[1] 路甬祥. 团结奋斗　开拓创新　建设制造强国 [J]. 机械工程学报, 2003, 39 (1), 2 -9.

[2] Dong H Z, Liu D X, Zhao Y W, *et al.* A novel approach of networked manufacturing collaboration: fractal web-based extended enterprise [J]. International Journal of Computer Integrated Manufacturing, 2007, 26 (11 -12): 1436 -1442.

[3] 张曙. 分散网络化制造 [M]. 北京: 机械工业出版社, 1999: 61 -95.

[4] Ahmed I, Sadiq M J. Information subsystem congestion analysis of a wide area-networked manufacturing system using mobile agents [J]. Journal of Manufacturing Technology Management, 2005, 16 (7): 753 -764.

[5] Louis C, Frayret J M, D' Amours S, *et al.* A commitment-oriented framework for networked manufacturing co-ordination. International Journal of Computer Integrated Manufacturing [J]. 2001, 14 (6): 522 -534.

[6] Montreuil B, Frayret J M, D'Amours S. A strategic framework for networked manufacturing [J]. Computers in Industry, 2000 (42): 299 -317.

[7] Lee W B, Lau H C W. Multi-Agent modeling of dispersed manufacturing networks [J]. Expert Systems with Applications, 1999, 16 (3): 297 -306.

[8] Akkermans H A, Vander H H. Managing IT infrastructure standardization in the networked manufacturing firm [J]. International Journal of Production Economics, 2002, 75 (1): 213 – 228.

[9] 应文兰, 李爱平, 徐立云. 网络化制造系统动态身份认证的研究与实现 [J]. 中国机械工程, 2008, 19 (11): 1293 – 1296.

[10] 孙忠良, 吴文武, 洪军, 等. 基于数据包络分析的网络化制造联盟企业制造资源配置评价研究 [J]. 计算机集成制造系统, 2008, 14 (5): 962 – 969.

[11] 刘金山, 廖文和, 郭宇. 基于双链遗传算法的网络化制造资源优化配置 [J]. 机械工程学报, 2008, 44 (2): 189 – 195.

[12] 苗剑, 宋豫川, 何彦, 等. 网络化制造平台动态工作流管理模型研究 [J]. 计算机集成制造系统, 2005, 11 (3): 336 – 341.

[13] 范玉顺, 张立晴, 刘博. 网络化制造与制造网络 [J]. 中国机械工程, 2004, 15 (19): 1733 – 1738.

[14] B Montreuil, J. M. Frayret. A strategic fo framework for networked manufacturing [J]. Computers in industry, 2000, 42 (2 – 3): 299 – 317.

[15] 范玉顺, 张立晴, 刘博. 网络化制造与制造网络 [J]. 中国机械工程, 2004, 15 (19): 1733 – 1738.

[16] 范玉顺. 网络化制造的内涵关键技术 [A]. 网络化制造与大规模定制学术会议论文集, 2003, 11, 中国. 杭州.

[17] 王宛山. 发展网络化制造对策研究报告 [R]. 国家计委高技术产业发展司发展网络化制造对策研究课题组. 北京. 2002.

[18] 王宛山, 巩亚东, 郁培丽. 网络化制造 [M]. 沈阳: 东北大学出版社, 2003.

[19] 刘飞, 雷琦, 宋豫川. 网络化制造的内涵及研究发展趋势 [J]. 机械工程学报, 2003, 39 (8): 1 – 6.

[20] 顾新建, 祁国宁, 陈子辰. 网络化制造的战略和方法—

制造业在网络经济中的生存和发展 ［M］. 北京：高等教育出版社，2001.

［21］ http：//www. eng. oml. gov/team/home. html.

［22］ Ram Sriram, Arum Candadai. Agile Infrastructure for Manufacturing System（AIMS）- A Pilot Program ［C］. In 5th National Agility Conference. Boston, MA, March, 1996.

［23］ 徐太平. 物料协同供应管理系统的研究与开发 ［D］. 广州：广东工业大学，2003：5 - 9.

［24］ 刘永和，黄必清，刘文煌，奚兵. 虚拟企业集成模型的形式化方法 ［J］. 清华大学学报（自然科学版），2000，40（4），84 - 87.

［25］ 吴澄. 现代集成制造系统导论—概念、方法、技术和应用 ［M］. 北京：清华大学出版社，2002，6：494 - 495.

［26］ Re, N. Technologies enabling agile manufacturing strategic plan ［J］. Oak Ridge Centers for Manufacturing Technology, 1995, 25（4）：342 - 353.

［27］ Cloutier L, Frayret J M, D'Amours S, et al. The NetMan agent based architecture for E-business in network organizations ［C］. IFIP Conference Proceedings. 2000：157 - 166.

［28］ Introduction to NIIIP Concepts, NIIIP CONSORTIUM Reference Architecture, 1998. http：//www. niiip. org.

［29］ Wolfgang P, Gerhard S. Trying to capture additionality in Framework Programme5-main findings ［J］. Science & Public Policy, 2005, 32（5）：367 - 373.

［30］ Gregory F. Framework Programme fund EU technology R&D ［J］. Laser Focus World, 2006, 42（6）：104 - 110.

［31］ Intelligent Manufacturing System, http：//www. ims. org. 1995.

［32］ Jin L, Oraifige I A. E-manufacturing in networked virtual environments ［C］. 2001 IEEE International Conference on Systems, Man and Cybernetics, Tucson, AZ, 2001: 1845 – 1849.

［33］ Amours D. Sophie, Montreuil Benoit. Networked manufacturing: the impact of information sharing international journal of production economics. 1999, 58 (1): 63 – 79.

［34］ Jean-Marc Frayret. A conceptual framework to operate collaborative manufacturing network, Dissertation Abstracts International, 2000, 63 – 69, 4313.

［35］ Dunn T. Using the wind chill trademark product data management platform for a distributed simulation system ［C］. 42nd AIAA Aerospace Sciences Meeting and Exhibit, Reno, NV, United States, 2004: 9708 – 9718.

［36］ Eldom Li. From e-Commerce to e-business. International Journal of Electronic Bbsiness, 2003, 1 (1): 19 – 23.

［37］ CyberCut: A netroked manufacturing service U of cal berkeley. Final National Science Foundation Reprot, 2001: 21 – 23.

［38］ The Institute for System Research of Maryland Uni.: http: //www. isr. umd. edu/Labs/CIM.

［39］ Jonathan Grudin. Computer-supported cooperative work: histroy and focus ［J］. Computer, 1994, 27 (5): 19 – 26.

［40］ 史美林, 向勇, 伍尚广. 协同科学——从"协同学"到 CSCW ［J］. 清华大学学报 (自然科学版), 1997, 37 (1): 85 – 88.

［41］ 李亚东, 李从东. CSCW 及其在农机设计系统中的应用 ［J］. 中国农机化, 2006, 1: 61 – 63.

［42］ 美兴宇, 赵海峰, 王贵和, 王宛山. 基于 CSCW 的产品质量设计 ［J］. 东北大学学报 (自然科学版), 2007, 28 (10): 1477 – 1480.

［43］ 董羽冲, 曹学民. 基于 CSCW 的协同教务管理系统的研究与设计 ［J］. 武汉理工大学学报, 2008, 30 (11): 168 – 171.

［44］ 杜斐, 黄乃康. 计算机辅助工艺过程设计原理 ［M］. 北

京：北京航天航空大学出版社，1990.

［45］Utpal Bose. A Cooperative Solving Framework for Computer-Aided Process Planning. Proceeding of IEEE. 1999：1 – 9.

［46］赵汝嘉，孙波. 计算机辅助工艺设计（CAPP）［M］. 北京：机械工业出版社，2003，12.

［47］X. N. Chu，S. K. Tso and Y. l. Tu. A Novel Methodology for Computer-Aided Process Planning. International Journal of Advance Manufacturing Technology，2000，（16）：714 – 719.

［48］姜兆亮，郑波，冯仕红，等. 基于 CSCW 的复杂产品协同工艺设计［J］. 计算机工程，2004.

［49］倪颖杰，张振明，司书宾，等. 面向产品全生命周期的 Web 协同工艺设计［J］. 计算机工程与应用，2003，15：116 – 118.

［50］杨雨图. 支持双语的协同 CAPP 系统若干关键技术研究［D］. 南京航空航天大学博士学位论文，2006.

［51］马安. 基于知识的协同 CAPP 系统若干关键技术研究［D］. 南京航空航天大学博士学位论文，2007.

［52］郭佳鹏，许建新. 面向飞机制造的协同工艺设计研究［J］. 现代制造工程，2008，5：68 – 71.

［53］Zhaomin Xu，Ming Cai，Lanfen Lin，Jinxiang Dong. Study of networked manufacturing oriented cooperation CAPP system［J］. The 9th International Conference on Computer Supported Cooperative Work in Design Proceedings，1106 – 1111.

［54］D. Veeramani，H. P. Tserng and J. S. Russell. Computer-integrated collaborative design and operation in the construction industry［J］. Automation in Construction，1998，7：485 – 492.

［55］X. G. Ming，J. Q. Yan，X. H. Wang，*et al*. Collaborative process planning and manufacturing in product lifecycle management［J］. 2008，59（2 – 3）：153 – 166.

[56] Utpal Bose. A cooperative problem soloving framework for computer-aided process planning [J]. Proceedings of the 32nd Hawaii International Conference on System Sciences, 1999: 1 – 9.

[57] X. N. Chu, S. K. Tso and Y. I. Tu. A Novel Methodology for Computer-Aided Process Planning. International Journal of Advance Manufacturing Technology, 2000, (16): 714 – 719.

[58] Hang-Wai Law and Hon-Yuen Tam. Object-oriented Analysis and Design of Computer Aided Process Planning Systems. International Journal of Computer Integrated Manufacturing, 2000, 13 (1): 40 – 49.

[59] 易红, 倪中华. 网络化制造模式下的 CAPP 技术研究 [J]. 计算机集成制造系统, 2003, 9 (3): 179 – 183.

[60] 张士杰, 宋来刚. Web 环境下基于知识的协同式 CAPP 系统. 机械设计与制造, 2003, 4: 53 – 55.

[61] 张为民, 陈炳森, 马玉敏, 黄飞. 基于协作的动态 CAPP 系统设计与开发, 制造业自动化, 2000, 22 (6): 33 – 35.

[62] 朱海平, 张耀, 黄欣. 支持网络化制造的协同工艺设计平台研究与实现 [J]. 2007, 24 (2): 206 – 208.

[63] 蔡长韬, 陈次昌, 费凌, 何进. PDM 集成平台下的集成化 CAPP 系统开发, 计算机集成制造系统——CIMS, 2002, 8 (10): 809 – 812.

[64] 陈小安, 尹佑盛, 等. 分布式协同设计技术及其模型实例设计 [J]. 机械工程学报, 2000, 36 (4): 1 – 4.

[65] 黄欣, 张国军, 贺晓, 等. 网络制造环境下 CAPP 系统关键技术研究 [J]. 计算机应用研究, 2005, 22 (10): 33 – 35.

[66] 陈沛帅, 朱森良, 等. 一个支持网络化制造的 CAPP 原型系统研究与实现 [J]. 计算机辅助设计与图形学学报, 2003, 15 (8): 949 – 953.

[67] W Van der Aalst, KM van Hee. Workflow management:

models, methods, systems [M]. 2004.

[68] 闻敬谦, 李青. 基于工作流的飞机质量问题归零过程控制 [J]. 航空学报, 2009, 30 (11): 2207 – 2212.

[69] Diimitrios Georgakopoulos, Mark Hounick and Amit Sheth. An overview of workflow management: from process modeling to workflow automation frastructure [J]. Distributed and Paralled Database, 2005, 3 (2): 119 – 153.

[70] W. M. P. van der Aalst, A. H. M. ter Hofastede, Kiepuszewski and A. P. Barros. Workflow patterns [J]. Distributed and Parallel Databases, 2004, 14 (1): 5 – 51.

[71] 吴哲辉. Petri 网导论 [M]. 北京: 机械工业出版社, 2006.

[72] 袁崇义, 等. Petri 网原理与应用 [M]. 北京: 电子工业出版社, 2005.

[73] 林闯. 随机 Petri 网和系统性能评价 [M]. 北京: 清华大学出版社, 2005.

[74] Khodadaram Salimifard, Mike Wright. Petri net-based modeling of workflow systems: an overview [J]. European Journal of Operational Research, 2001, 134 (3): 664 – 676.

[75] Pring Sun, Changjun Jiang. Analysis of workflow dynamic changes based on Petri nets [J]. Information and Software Technology, 2009, 51 (2): 284 – 292.

[76] 曾庆田, 段华. 一类含时间因素工作流的建模与时间性能挖掘 [J]. 计算机集成制造系统, 2005, 11 (6): 855 – 860.

[77] Wang L. An integrated object-oriented Petri Net paradigm for manufacturing control systems [J]. International Journal of Computer Integrated Manufacturing, 1996, 9 (1): 73 – 87.

[78] Wang L. The development of an object-oriented Petri net cell control model [J]. International Journal Advanced Manufacturing Tech-

nology, 1996, 11: 59 – 69.

[79] Srinivassa N R, Viswanadham N. Performance analysis of supply chain networks using Petri nets [C]. Proceedings of the 38th Conference on Decision &Control, Phoenix Arizona USA, 1999, 10.

[80] Beamon B M. Supply chain design and analysis: Models and methods [J]. International Journal of Production Economics, 2000, 55: 281 – 294.

[81] F Bause, PS Kritzinger. Stochastic Petri nets: an introduction to the theory [M]. Wiesbaden: Vieweg, 2002.

[82] 张京. 面向对象软件工程与 UML [M]. 北京: 人民邮电出版社, 2008.

[83] Stephen J. Mellor, Kendall Scott, Axel Uhl and Dirk Weise. Model-Driven Architecture [M]. Springer Berlin, 2002.

[84] W. M. P. van der Aalst. The application of Petri nets to workflow management [J]. Journal of Circuits Systems and Computers, 1998.

[85] 张军波, 魏生民, 等. 协同设计中的模型同步机制研究 [J]. 机械科学与技术, 2004, 23 (3): 361 – 364.

[86] Bidarra. R, Van Den Berg, *et al.* Interactive Facilities for collaborative feature modeling on the web [J]. Proc. of the Tenth Portuguese Conference on Computer Graphics, Lisbon, Portugal, 2001: 43 – 52.

[87] Montreuil B. A strategic framework for networkes manufacturing. Computers in Industry, 2000, 42 (2 – 3): 299 – 317.

[88] Luis M. Cooperative coordination in virtual enterprise. Journal of Intelligent Manufacturing [J]. 2001, 12 (2): 133 – 150.

[89] 苏铁明, 徐志祥, 欧宗瑛. 基于 XML 的产品数据交换及协同设计技术 [J]. 机械科学与技术, 2003 (5): 499 – 502.

[90] Delinchant, B., Gerbaud, L., Wurtz, F., *et al.* Concurrent design versioning system, based on XML file [A]. IECON 02:

IEEE 2002 28th Annual Conference of the Industrial Electronics Society, 2002, 11: 2485 - 2490.

[91] Shiau J. Y, Ratchev S. M, Valtchanov G. Distributed collaborative design and manufacturability assessment for extended enterprise in XML-based agent system [A]. Proceedings of IEEE 9th International Workshops on Enabling Technologies: Infrastructure for Collaborative Enterprises, 2000, 7: 260 - 265.

[92] 任泰明. TCP/IP 协议与网络编程 [M]. 西安: 西安电子科技大学出版社, 2004.

[93] 孙建华. 网络互联技术教程 [M]. 北京: 人民邮电出版社, 2005.

[94] 宋小波. 复制式协同 CAD 基础平台研究 [D]. 合肥工业大学博士学位论文, 2009.

[95] 彭维, 莫蓉, 范晓坤, 等. 基于消息通信的同步协同设计技术 [J]. 小型微型计算机系统, 2001, 22 (6): 670 - 674.

[96] 刘淼, 郭荷清, 张为. J2EE 平台会话管理机制分析与改进 [J]. 航空计算技术, 2004, 34 (3): 116 - 118.

[97] 李虎, 金茂忠, 姚淑珍, 刘昌辉. 二维协同工作空间的并发操作加锁协议 [J]. 计算机辅助设计与图形学学报, 2006, 18 (2): 231 - 237.

[98] 刘喜明, 郑国勤. 基于 C/S 模式的同步协同设计运行机制和策略 [J]. 计算机工程与应用, 2001, 37 (15): 64 - 67.

[99] 刘新福, 吕钊. 分布式 CSCW 环境中并发控制的串行化方法 [J]. 计算机工程, 2001, 27 (10): 105 - 107.

[100] 张艳, 史美林. 虚拟团队: 一个典型的 CSCW 应用系统 [J]. 计算机工程与应用, 2001, 37 (17): 12 - 14.

[101] 王重鸣, 唐宁玉. 虚拟团队研究: 回顾、分析和展望 [J]. 科学学研究, 2006, 24 (1): 117 - 124.

[102] 张子刚, 程海芳. 虚拟团队: 一种新的管理组织方式

[J]. 科学进步与对策, 2001, 18 (5): 118 - 120.

[103] Dorigo, M., Maniezzo, V. and Colorni, A. The ant system: optimization by a colony of cooperating agents [A]. IEEE Transactions on Systems, Man, and Cybernetics, Part B, 1996, 26 (1): 29 - 41.

[104] Gambardella, L. M. and Dorigo, M. Solveing symmetric and asymmetric TSPs by ant colonies [A]. Proceedings of IEEE International Conference on Evolutionary Computation, IEEE-EC 96, May 20 - 22, 1996, Nagoya, Japan, 622 - 627.

[105] Di Caro, G. and Dorigo, M. AntNet: distributed stigmergetic control for Communications networks [J]. Journal of Artificial Intelligence Research (JAIR), 1998, 9: 317 - 365.

[106] Song, Y. H., Chou, C. S. and Stonham, T. J. Combined heat and power economic dispatch by improved ant colony search algorithm [J]. Electric Power System Research, 1999, 52: 115 - 121.

[107] 段海滨. 蚁群算法原理与应用 [M]. 北京: 科学出版社, 2005.

[108] 王万良, 赵澄, 熊婧, 徐新黎. 基于改进蚁群算法的柔性作业车间调度问题的求解方法 [J]. 系统仿真学报, 2008, 20 (16): 4326 - 4329.

[109] Chen Ling, Shen Jie, Qin Ling. An adaptive ant colony algorithm based on equilibrium of distribution [J]. Journal of Software, 2003.

[110] Li Yanjun, Wu Tiejun. An adaptive ant colony system algorithm for continuous-space optimization problems [J]. Journal of Zhejiang University-Science A, 2008, 4 (1): 1862 - 1875.

[111] Rapeepan Pitakaso, Christian Almeder, Karl F. Doerner and Richard F. Hartl. A max-min system for unconstrained multi-level lot-sizing problems [J]. Computer & Operations Research, 2007, 34

（9）：2533 – 2552.

［112］ Sutton R S, Barto A G. Reinforcement learning：an intruduction ［M］. Cambridge：The Mit Press, 1998.

［113］ Crites R H, Barto A G. Elevator group control using multiple reinforcement learning agents ［J］. Machine Learning. 1998, 33（2）：235 – 262.

［114］ Kaelbling L P, Littman M L, Moore A W. Reinforcement learning：a survey ［J］. Journal of Artificial Intelligence Research, 1996, 4：237 – 285.

［115］ Tsitsiklis J N, Roy B V. An analysis of temporal difference learning with function approximation ［J］. IEEE Transactions on Automatic Control, 1997, 42（5）：674 – 690.

［116］ Gerorge F. Luger. Artificial intelligence：structure and strategies for complex problem solving ［M］. Pearson Education, 2004.

［117］ 张汝波，顾国昌. 强化学习理论、算法及应用 ［J］. 控制理论与应用, 2000, 17（5）：637 – 642.

［118］ 娄山佐，吴耀华，肖际伟，廖莉. 基于增强学习解决随机需求车辆路径问题 ［J］. 系统仿真学报, 2008, 20（14）：3675 – 3678.

［119］ Singh S P, et al. Convergence results for single-step on policy reinforcement learning algorithms ［J］. Machine Learning, 2000, 38（3）：287 – 308.

［120］ 高阳，周志华. 基于 Markov 对策的多 Agent 强化学习模型及算法研究 ［J］. 计算机研究与发展, 2000, 37（3）：257 – 263.

［121］ Watkins C J, Dayan P. Q-learning ［J］. Maching Learning, 1992, 8：279 – 292.

［122］ 郭茂祖，孙华梅. 基于 Metropois 准则的 Q 学习算法研究 ［J］. 计算机研究与发展, 2002, 3（6）：684 – 688.

［123］王超，郭静．改进的 Q 学习算法在作业车间调度中的应用［J］．计算机应用，2008，28（12）：3268－3270．

［124］Ludo Waltman，Uzay Kaymak. Q-learning agents in a cournot oligopoly model［J］. Journal of Economics Dynamics and Control，2008，32（10）：3275－3293.

［125］李士勇．模糊控制．神经控制和智能控制论［M］．哈尔滨：哈尔滨工业大学出版社，1998.

［126］Rosenblatt，F. The perception：A probabilistic model for information storage and organization in the brain［J］. Psychological review，1958，65：386－408.

［127］Simon，H. 叶世伟，史忠植译．神经网络原理［M］．北京：机械工业出版社，2004.

［128］Khoshgoftaar，T. M.，Liu，Y.，et al. Multiobjective module-order model for software quality enhancement［J］. IEEE Transactions on Evolutionary Computation，2004，8（6）：593－608.

［129］Amari，S. Natural gradient works efficiently in learning［J］. Neural Computation，1998，10：251－276.

［130］陆鑫，高阳，等．基于神经网络的强化学习算法研究［J］．计算机研究与发展，2002，39（8）：981－985.

［131］张彦铎，闵锋．基于人工神经网络的强化学习在机器人足球中的应用［J］．哈尔滨工业大学学报，2004，36（7）：859－861.

［132］张涛，吴汉生．基于神经网络的强化学习算法实现倒立摆控制［J］．计算机仿真，2006，23（4）：298－300.

［133］Liu Feng，Geok S N，Chai Q. RLDDE：A novel reinforcement learning-based dimension and delay estimator for neural networks in time series prediction［J］. Neurocomputing，2007，70（7）：1331－1341.

［134］陈圣磊，吴慧中，肖亮，等．协同设计任务调度的多步

Q 学习算法 [J]. 计算机辅助设计与图形学学报, 2007, 19 (3): 402 - 408.

[135] C. Saygin, S. E. Kilic. Integrating flexible process plans with scheduling in flexible manufacturing system [J]. The International Journal of Advanced Manufacturing Systems, 1999, 15 (4): 268 - 280.

[136] Yeo Keum Kim, Kitae Park, *et al.* A symbiotic evolutionary algorithm for the integration of process planning and job shop scheduling [J]. Computer & Operations Research, 2003, 30: 1151 - 1171.

[137] T. W. Liao, E. R. Coates, F. Aghazadeh, *et al.* Modification of CAPP systems for CAPP/scheduling integration [J]. Computer & Industrial Engineering, 1993, 25 (1 - 4): 203 - 206.

[138] Wu SH, Fuh JYH, Nee AYC. Concurrent process planning and scheduling in distributed virtual manufacturing [J]. IIE Transactions, 2002, 34: 77 - 89.

[139] Lim MK, Zhang Z. A multi-agent based manufacturing control strategy for responsive manufacturing [J]. Journal of Materials Processing Technology, 2003, 139: 379 - 384.

[140] Wang LH, Shen WM. DPP: an agent-based approach for distributed process planning [J]. Journal of Intelligent Manufacturing, 2003, 14 (5): 429 - 439.

[141] Wong TN, Leung CW, Mak KL, Fung RYK. Integrated process planning and scheduling/rescheduling-an agent-based approach [J]. International Journal of Production Research, 2006, 44 (18 - 19): 3627 - 3655.

[142] Kim YK, Park K, Ko J. A symbiotic evolutionary algorithm for the integration of process planning and job shop scheduling [J]. Computers & Operations Research, 2003, 30: 1151 - 1171.

[143] Shao XY, Li XY, Gao L, Zhang CY. Integration of process planning and scheduling-a modified genetic algorithm-based approach [J].

Computers & Operations Research, 2009, 36: 2082 – 2096.

[144] Xinyu Shao, Xinyu Li, Liang Gao and Ghaoyong Zhang. Integration of process planning and scheduling—a modified genetic algorithm-based approach [J]. Computer & Operations Research, 2009, 36: 2082 – 2096.

[145] 王万良, 赵澄, 熊婧, 徐新黎. 基于改进蚁群算法的柔性作业车间调度问题的求解方法 [J]. 系统仿真学报, 2008, 20 (16): 4326 – 4329.

[146] 冷晟, 魏孝斌, 王宁生. 柔性工艺路线蚁群优化单元作业调度 [J]. 机械科学与技术, 2005, 24 (11): 1268 – 1271.

[147] B. M. T. Lin, C. Y. Lu, S. J. Shyu and C. Y. Tsai. Development of new features of ant colony optimization for flowshop scheduling [J]. International Journal of Production Economics, 2008, 112 (2): 742 – 755.

[148] 谢志强, 莫涛, 谭光宇. 非紧密衔接工序动态车间调度算法 [J]. 机械工程学报, 2008, 44 (1): 155 – 160.

[149] 林楠, 孟飙, 范玉青. 基于混合遗传算法车间多工艺路线批量调度 [J]. 北京航空航天大学学报, 2007, 33 (12): 1471 – 1476.

[150] 石淼, 唐朔飞. 装配序列规划研究综述 [J]. 计算机研究与发展, 1994, 31 (6): 30 – 34.

[151] Gottipolu R B, Ghosh K. Representation and selection of assembly sequences in computer-aided assembly process planning [J]. International Journal of Production Research, 1997, 35 (12): 3447 – 3465.

[152] Zha X F, DU H J, QIU J H. Knowledge-based approach and system for assembly-oriented design [J]. Engineering Applications of Artificial Intelligence, 2001, 14 (2): 239 – 254.

[153] Tseng H E, LI R K. A novel means of generating assembly

sequences using the connector concept. Journal of Intelligent Manufacturing, 1999, 10: 423 – 435.

[154] Tseng H E, LI J D. Connector-based approach to assembly planning using genetic algorithms [J]. International Journal Production Research, 2004, 42: 2243 – 2261.

[155] Tseng H E. Guided genetic algorithms for solving the larger constraint assembly problem [J]. International Journal Production Research, 2006, 44 (3): 601 – 625.

[156] 李荣, 付宜利, 封海波. 基于连接结构知识的装配序列规划 [J]. 计算机集成制造系统, 2008, 14 (6): 1130 – 1135.

[157] CHANG C C, TSENG H E, MENG L P. Artificial immune systems for assembly sequence planning exploration [J]. Engineering Applications of Artificial Intelligence, 2009, 22 (8): 1218 – 1232.

[158] Hawi-En Tseng, Wen-Pai Wang, Hsun-Yi Shih. Using memetic algorithms with guided local search to solve assembly sequence planning [J]. Expert Systems with Applications, 2007, 33: 451 – 467.

[159] H. E. Tseng, J. D. Li and Y. H. Chang. Connector-based approach to assembly planning using a genetic algorithm [J]. International Journal of Production Research, 2004, 42 (11): 2243 – 2261.

[160] Saaty T. L. The analytie hierarchy process [M]. 北京: 北京煤炭工业出版社, 1988.

[161] 荆洪英, 张利, 闻邦椿. 基于层次分析法的产品设计质量权重分配 [J]. 东北大学学报 (自然科学版), 2009, 30 (5): 712 – 715.

[162] 曹杰, 杨以文, 陈森发. 基于层次分析法的联盟企业过程管理绩效分析 [J]. 计算机集成制造系统, 2008, 14 (8): 1652 – 1657.

[163] 孙忠良, 荆无名, 洪军, 霍敏. 基于层次分析法的模具

网络化制造企业匹配技术 [J]. 西安交通大学学报, 2008, 42 (3): 291 –294.

[164] 张乐夫, 蔡忆昔, 王静, 王军. 基于 AHP 方法的汽车零部件发展序列 [J]. 江苏大学学报, 2009, 30 (6): 569 –572.

[165] Omkarprasad S. Vaidya and Sushil Kumar. Analytic hierarchy process: an overview of applications [J]. European Journal of Operational Research, 2006, 169 (1): 1 –29.

[166] 伊俊敏, 刘瑞柏. 基于熵值法的供应商评价模型研究 [J]. 物流技术, 2009, 3: 82 –84.

[167] 李惠林, 殷国富, 谢庆生, 牛鸣岐. 面向网络化制造的制造资源组合评价方法研究 [J]. 计算机集成制造系统, 2008, 14 (5): 955 –961.

[168] 张先起, 梁川, 刘慧卿. 基于熵权的属性识别模型在地下水水质综合评价中的应用 [J]. 四川大学学报 (工程科学版), 2005, 37 (3): 28 –31.

[169] 刘杰, 李朝峰, 李小彭, 闻邦椿. 基于物元和组合权重的产品广义质量评价研究及应用 [J]. 东北大学学报 (自然科学版), 2008, 29 (9): 1314 –1317.

[170] 任宏, 祝连波. 基于组合权法的建筑施工企业信息化水平的多层次灰色评价 [J]. 系统工程理论与实践, 2008, 2: 82 –88.

[171] Vinoski, S. CORBA: integrating diverse applications within distributed heterogeneous environments [J]. IEEE Communications Magazine, 1997, 14 (2): 1 –12.

[172] 任中方, 张华. MVC 模式研究的综述 [J]. 计算机应用研究, 2004, 21 (10): 1 –4.

[173] Brown K. Remembrance of Things Past: Layered Architectures for Smalltalk Applications [EB/OL]. http://members.aol.com/kgb1001001/ Articles/LAYERS/appmod. htm, 1995.

[174] 柴晓路. Web 服务架构与开放互操作技术 [M]. 北京：清华大学出版社，2002.

[175] Chappell D, Jewell T. Java Web Services [M]. CA: O'Reilly &Associates, 2002.

[176] 李云山，吕杰武. 深入浅出 Java 语言程序设计 [M]. 北京：中国青年出版社，2003，2：2－3.

[177] 邢大红，李家伟，张顺国，等. Java 语言的度量及工具实现 [J]. 计算机工程，2001，27 (9)：51－52.

[178] 张伟. 举一反三 Java 程序设计实战训练 [M]. 北京：人民邮电出版社，2004.

[179] 吴其庆. JSP 网站设计经典教程 [M]. 北京：冶金工业出版社，2001.

[180] 王卫军，付晓江. 基于三层体系结构电子政务系统的 JSP 技术 [J]. 吉林大学学报（信息科学版），2003 (01)：81－89.

[181] 赛奎春. JSP 工程应用与项目实践 [M]. 北京：机械工业出版社，2005：286－339.

[182] 柳巧玲. JSP 运行环境及其应用 [J]. 计算机工程，2002，28 (8)：287－289.

[183] 李雪晶. 基于三层 B/S 模式 Web 的数据库在物流供应链信息系统的应用 [J]. 市场与电脑，2002，12：67－79.

[184] 王宇明，庄继晖. JBPM——一个开源的 J2EE 工作流管理系统 [J]. 微处理机，2006，5：113－115.

[185] 胡长城. 开源工作流平台 jBPM：过程组件模型与 PVM [J]. 2008，5：116－118.

[186] Jboss Seam 和 JBPM 在软件项目管理系统中的应用研究 [J]. 电脑知识与技术，2009，5 (31)：8722－8732.

[187] 陈娴. 开源开作流系统—Enhydra Shark 分析 [J]. 计算机与现代化，2009，5：73－77.

［188］李志峰，冯世娟，李秋俊.Shark 工作流及在电信资源调拨中的应用［J］.四川兵工学报，2009，30（3）：135－137.

［189］林可，基于 OSWorkflow 与轻量级 J2EE 的工作流管理系统的设计与实现［J］.北京交通大学硕士学位论文，2009.

［190］刘骁，何红波，李义兵.OSWorkflow 工作流管理系统 SH－Flow 的设计与实现［J］.计算机与数字工程，2007，38（6）：165－167.

［191］George Koch，Kevin Loney.梅钢译.SQL Server 2000 完全参考手册［M］.北京：机械工业出版社，2002.

［192］章立民.SQL Server 2000 Transact－SQL 程序设计［M］.北京：中国铁道出版社，2002.